Pendo

ROMAN LEUTHNER

HILFE
WIR WERDEN
GROSSELTERN

Was man als Oma und Opa wissen muss

Pendo München und Zürich

Mehr über unsere Autoren und Bücher:
www.pendo.de

Mix
Produktgruppe aus vorbildlich bewirtschafteten
Wäldern und anderen kontrollierten Herkünften
www.fsc.org Zert.-Nr. GFA-COC-1223
© 1996 Forest Stewardship Council
FSC

ISBN 978-86612-218-5

Satz: BuchHaus Robert Gigler, München
Lektorat: Susanne Noll
Druck und Bindung: CPI – Clausen & Bosse, Leck
Printed in Germany

INHALTSVERZEICHNIS

VORWORT *11*

EINFÜHRUNG *13*

GRUNDSATZFRAGEN *19*

Großeltern mischen sich doch nicht ein, oder? *19*
Regeln im Gefühlschaos 21
Gute Werte, schlechte Worte 25

Auch die größte Freiheit ist nicht grenzenlos *28*

Geschenke, Geschenke, Geschenke? *32*
»Süßes« Fast Food – zartbitterer Nachgeschmack 34

VOM BABY ZUM TEENIE: ENKELKINDER UND IHRE ENTWICKLUNGSSTADIEN *37*

Hormone tanzen Rock 'n' Roll: Wie können Großeltern unmittelbar nach der Geburt helfen? *37*
»Gestatten, die Babysitter-Profis!« 45

Das erste Lebensjahr: Nur keine Panik! *50*

Das zweite Lebensjahr: Auch Paulchen lernt laufen *54*

Das dritte Lebensjahr: Ein Zwerg erkennt sich selbst *57*

Das vierte Lebensjahr:
Ein Sack Flöhe mit Hummeln im Hintern *59*

Das fünfte Lebensjahr:
Kleine Frau und kleiner Mann ganz groß *62*

Enkelkinder im Schulalter:
Vom sogenannten Ernst des Lebens *65*
Kannste was, haste was, biste was ... *68*
Nachhilfe oder Lebenshilfe? *69*

Grufti Melanie ist in der Pubertät *76*
Von Rumpelstilzchen und kleinen »Terroristen« *77*

ERZIEHUNGSKOMPASS
FÜR COOLE GROSSELTERN *81*

Lust und Last mit der Glotze *81*

Silver-Surfer und Computerkids *85*

Vom Verwöhnen und Verhätscheln *91*
Was ist das – gutes Spielzeug? 91

Erziehungsfehler ... *96*
»Als ich in deinem Alter war, habe ich ...« 96
»Du musst nicht immer die Beste sein ...« 97
Rote Karte für Vorzugsbehandlungen 98
»Ist doch alles nur ein Fliegenschiss!« 99
Vorsicht, Bumerang! 100

TIPPS AUS DER PRAXIS
FÜR DIE »WAS TUN-PROBLEME« *103*

Wenn Enkelkinder nicht einschlafen *103*

Wenn Enkelkinder Angst haben *104*

Wenn Enkelkinder aggressiv und gereizt sind *106*

Wenn Enkelkinder trotzig sind *111*

Wenn Enkelkinder »fremdeln« *115*

Wenn Enkelkinder lügen *115*

Wenn Enkelkinder unter Essstörungen leiden *121*

Scheidungs(enkel)kinder *126*
Enkelkinder in der Patchworkfamilie 128

SPIEL UND SPASS MIT ENKELKINDERN *133*

Ideen für Spiele im Haus *133*
Der Klangzirkus 133
Das Klangbewegungsspiel 135
Der Zauberwürfel 135
Stille Post 136
Kalt und Heiß 136
Reise nach Jerusalem 137

Ideen für Spiele im Freien *138*
Armer schwarzer Kater 138
Blinde Kuh 138
Häschen, piep mal! 139
Schneller Hans 139
Der Fischer 140
Topf schlagen 141

Ideen für Basteleien *141*
Arbeiten mit Pappmaschee 141

Party mit Oma und Opa *144*
Das Hexenfest 144

GEMEINSAM KOCHEN,
BACKEN – UND SCHNABULIEREN *147*

Geliebte Leibspeisen *148*

Gesunde Küche *149*

Das gemeinsame Backerlebnis *150*

MIT ENKELKINDERN UNTERWEGS *151*

Tagesausflüge und Wochenendtrips *152*
Kleidung 152
Proviant 153
Reiseapotheke 154

Im Urlaub *155*
Reisen mit dem Auto 155
Reisen mit der Bahn 161
Reisen mit dem Flugzeug 162
Allgemeine Hinweise 163

DIE SICHERHEIT IHRER ENKELKINDER *167*

Die größten Verletzungsrisiken *167*

Ihre Hausapotheke *174*

Erste Hilfe *175*

SCHLUSS *176*

VORWORT

Was unterscheidet Großeltern von Eltern? Und zwar: heutige, moderne Großeltern? Ähneln Vertreter der 60-plus-Generation von *heute* Omas und Opas von *gestern*? Den eigenen Großeltern? Oder hat man es vor allem mit späten Hippies, Alt-1968ern und immer noch flippig-schillernden Vertretern des Rock'n'Roll wie Mick Jagger und Joan Baez zu tun?

Von allem ein bisschen, was die Einstellungen und die Verhaltensmuster betrifft. Vor allem aber: Unter den Großeltern dieser Tage finden sich selten noch Omas und Opas, die Wollpullover strickend und Pfeifchen rauchend vor dem Kamin sitzen und ihren Lebensabend verdämmern. Ganz offensichtlich kein Klischee: Großeltern von heute treiben Sport und besuchen Fitnessstudios, sind häufig auf Achse und machen die Welt unsicher, drücken als Senior-Studenten harte Unibänke und genießen ihre Hobbys. In ihrer überwiegenden Zahl sind sie gesünder, sportlich aktiver und geistig regsamer als ihre eigenen Eltern und Großeltern. Sie *leben*. Ihren Enkelkindern kommt dies zugute. Denn was kann interessanter sein, als eine coole Oma und einen coolen Opa an seiner Seite zu wissen?

Aber wie, bitte schön, kann einer diesen amüsanten und, in vielen Situationen, augenzwinkernden Erziehungs-Ratgeber für Großeltern schreiben, der (noch) nicht zur »Gemeinde« gehört? Zum einen aus der Erfahrung mit den Großeltern der eigenen Kinder. So stehen viele Beobachtungen und Erlebnisse zur Verfügung, die Einstellungen, Erwartungen und Verhaltensmuster von Großeltern diesseits und jenseits der eigenen Familienlinie lebhaft beleuchten. Zum anderen aus guter Erinnerung an die eigenen Großeltern. Und zum dritten aus Interesse und Freude am Thema.

EINFÜHRUNG

»Meine größte Freude sind meine Enkelkinder!« Dieser Satz ist häufig zu hören. So richtig vorstellen können wir uns die Freude, die die Ankunft von Enkelkindern mit sich bringt, wahrscheinlich aber erst, wenn wir selbst in die Situation geraten. Mit den berauschenden Glücksmomenten, die uns die Geburt der eigenen Kinder beschert, ist die Wonne, Oma oder Opa zu werden, wahrscheinlich nicht zu vergleichen – aber nicht, weil sie objektiv weniger wert wäre oder in den Augen der Betroffenen nicht ebenso viel zählte, sondern weil sie von Menschen in einem anderen Lebensabschnitt und höherem Lebensalter empfunden wird. Großeltern sind in aller Regel abgeklärter, sie sind ruhiger und reagieren nicht mehr so unsicher und aufgeregt auf die Eskapaden und Allüren von Kindern. Kein Wunder: Großeltern haben schon viel erlebt – die Geburt der eigenen Kinder, Krankheiten, Schulprobleme und pubertäre Eruptionen. Kurzum: Sie haben es eigentlich hinter sich, sie haben ihre Kinder großgezogen, sie wissen, wie es geht. Sie haben eine Lebensleistung vollbracht.

Genau das ist es, was die Rolle von Großeltern von der Elternrolle unterscheidet: Natürlich fühlen sie sich für das Wohl der Kleinen ebenso verantwortlich wie die Eltern selbst, manchmal sogar so sehr, dass daraus Konflikte mit den Eltern entstehen und diese sich die Einmischung in Erziehungsfragen verbitten. Gleichwohl empfinden Großeltern die Verantwortung für ihre Enkel kaum als Bürde und so gut wie nie als *Aufgabe*, der sie sich stellen müssen, sondern als *Geschenk*. Denn die eigentliche Verantwortung für die Kleinen haben nicht die Großeltern, sondern die Eltern. »Es ist fast so«, wie ein zweifacher Großvater lächelnd berichtet, »als wenn wir nicht mehr arbeiten müssten, um unseren Lebensunterhalt zu verdienen, sondern *dürften*. Wir tun es freiwillig und dadurch mit weit größerer Freude und Gelassenheit.« Mit anderen Worten: Die Freude am Umgang mit Kindern steht für gewöhnlich im Vordergrund, nicht die Erziehungs»arbeit«.

Das macht Großeltern frei – viel freier, als Eltern jemals sein können – und in den Augen der Enkel häufig auch ungeheuer wertvoll: Wenn Vater schimpft, mokiert sich Opa noch lange nicht; er *rückt zurecht, beugt* den Willen des Kindes aber nicht nach seinem Willen. Er kann Dinge zwar durchaus verbieten und Handlungen missbilligen, er vermittelt seinem Enkel aber kaum den Geschmack der Niederlage und des Siegs des Stärkeren über den Schwächeren. Er *belehrt* nicht so oft, er *erklärt* viel häufiger. Das stiftet Liebe, eine Form der Liebe von Kindern zu ihren Großeltern, die unvergleichlich und anders ist als die Liebe zu den Eltern. Und so ist die Bereitschaft von Großeltern, nachsichtig gegenüber ihren Enkelkindern zu sein, häufig geradezu phänomenal – ganz im Gegensatz zu ihrem Verhältnis zu den eigenen Kindern, den Eltern ihrer Enkelkinder.

Als Sie selbst noch in der Elternrolle waren, geben Sie es ruhig zu, da brachte es Sie ab und zu ganz schön in Rage, wenn Ihr Tim, damals noch ein Dreikäsehoch von stolzen 105 Zentimetern, wieder einmal die Badezimmerarmaturen mit Lippenstift und Wimperntusche verziert hatte und sich auf unsere Standpauke mit einem achselzuckenden »Oooch, Oma schimpft da nie so wie ihr« aus der Affäre zog. »Ja«, dachten Sie dann mit leichter Bitterkeit, »die genießen deine Kunststücke ja auch nur, wenn sie auf Besuch sind, oder manchmal in den Ferien – und nicht nach einem stressigen Arbeitstag.« Und wenn Timmi später mit schlechten Noten nach Hause kam und Sie zum berühmt-berüchtigten Lamento »Junge, was soll bloß aus dir werden?« ausholten, klingelte garantiert bald das Telefon und Oma empfahl mit sanfter Stimme: »Reg dich nicht so auf. Du weißt, dass den Kindern heute ganz schön was abverlangt wird. Das wächst sich aus, du wirst schon sehen!« Ja, bildlich gesprochen, konnte sich Tim vortrefflich hinter Omas Rockschößen verstecken. Er war ja »immer so lieb« (der kleine Rotzlöffel).

Und heute? Heute, als Oma und Opa, sehen Sie die Dinge bestimmt aus einem ganz anderen Blickwinkel – eben aus dem, den Sie damals mitunter kritisierten. An erster Stelle steht für Sie bestimmt das Vergnügen, das Sie mit Ihren Enkelkindern haben, der Spaß, den Sie erleben, und natürlich die *verbotenen Früchte*, die Sie sie gerne pflücken lassen. Doch die Zeiten ändern sich und manches, was Sie sich vor zwanzig oder dreißig Jahren überhaupt nicht hätten vorstellen können, ist heute ganz normal. Das ewige Herumhängen der Kleinen vor dem Computer beispielsweise, das hektische Gedöns im Wohnzimmer, wenn sie wieder mit ihrer Playstation zugange sind, und die damit zusammenhängenden Probleme, wenn Ihre Nerven vibrieren und Sie die Kleinen kaum noch an die frische Luft kriegen ...

Damit und mit vielen anderen Fragen beschäftigt sich dieser Erziehungsberater für Großeltern. Doch keine Angst! Es werden Ihnen keine ideologischen und pädagogischen Traktate zugemutet. Nein, vielmehr geht es darum, an die Sache mit jenem vergnügten Augenzwinkern heranzugehen, das gestandenen Großeltern beim alltäglichen Umgang mit ihren Enkelkindern und auch in Erziehungsfragen eigen ist. Selbstverständlich aber kann die Gretchenfrage, wie weit sich Großeltern in die Erziehung der Enkelkinder einmischen können oder sollten, nicht außer Acht gelassen werden. Dies für manche Eltern erdenschwere Problem wird aber mit einer gehörigen Portion (Selbst-)Ironie behandelt.

Es ist hilfreich, sich die Stadien der kindlichen Entwicklung wieder vor Augen zu führen, die Sie ja als Großeltern bei den eigenen Kindern alle schon miterlebt haben. Sie liegen eventuell schon so weit zurück, dass eine kleine Auffrischung nicht schaden kann. Und natürlich auch Ihre Fehler und die Neigung, Ihre große Liebe zu den Enkelkindern in Tonnen zu messen: Tonnen an Geschenken – zu Geburtstagen, an Weihnachten und zwischendurch bei allerlei Gelegenheiten. Was aber ist wirklich gutes und dem jeweiligen Alter angemessenes Spielzeug? Können Sie der Playstation und dem Computer vielleicht sogar ein Schnippchen schlagen? Danach wendet sich dieser Erziehungskompass den wichtigsten Problemen zu, die bisweilen auftauchen können. Denn, zugegeben, auch Großeltern müssen manchmal gegensteuern, helfend eingreifen oder Grenzen aufzeigen, wenn es nötig ist: Wie gehen Sie beispielsweise mit den typisch kindlichen Flunkereien um, wie verhalten Sie sich in der Trotzphase oder später, wenn Sie die Muskelspiele der Halbstarken provozieren und sich stolz der erste Bartwuchs zeigt oder Sie die Zickereien der Enkeltöchter plagen?

Im Mittelpunkt steht aber der Spaß: Deshalb finden sich hier viele Tipps und Ideen zu Spielen, Basteleien, zu gemeinsamem Kochen und Essen und auch zu Ausflügen und der richtigen Vorbereitung dazu. Apropos Ausflüge: Auf Achse zu sein mit den Enkelkindern ist ein ganz besonderes Erlebnis. Vor allen Dingen gilt dies für eine gemeinsame Urlaubsreise, die für viele Großeltern einfach »das Größte« ist.

»Das Größte« ist natürlich aber auch mit einer gehörigen Portion an Verantwortung verbunden. Denn es soll ja nichts schiefgehen und alles rund laufen. In unserem amüsanten Großeltern-Ratgeber finden Sie deshalb auch hierzu wichtige Tipps und Informationen.

GRUNDSATZFRAGEN

Großeltern mischen sich doch nicht ein, oder?

Alle Großeltern, Pardon, *fast* alle Großeltern, neigen dazu, sich in die Erziehung ihrer Enkelkinder einzumischen. Die einen mehr, die anderen weniger. Dies gilt im Besonderen für Omas.

Vorurteil, Klischee? Na ja, denken Sie einmal nach: Da wird ein Baby geboren, rosig anzusehen und fein duftend ruht es in der Wiege, die großen Augen, das Stupsnäschen, die zarten Fingerchen ... Da braucht es, um Gottes willen, doch die richtigen Ratschläge für die junge Mutter, die noch so gar keine Erfahrung mit der Kinderpflege hat! Wer könnte es deshalb übel nehmen, wenn Oma sich jetzt kräftig ins Zeug legt und wie ein Professor bei der Vorlesung Wissen vorzutragen beginnt: über die richtige Haltung beim Stillen des Babys (»Kind, auf den Ansatzwinkel kommt es an!«), über die effizientesten Praktiken, das Kleine zum Einschlafen zu bringen, und über die richtige Unterlage im Kinderwagen, wenn es raus an die frische Luft geht (»Ich empfehle ein Schaffell, es gibt nichts Wärmeres, die ganze Synthetik kannst du vergessen!«).

Rummms! Schon ist der Krach mit Tochter oder Schwiegertochter da, wenigstens aber eine kräftige Verstimmung. Und der frischgebackene Papa, der eben von der Arbeit nach Hause kommt, wundert sich über störende Vibrationen in der Luft, die zum neuen Familienglück gar nicht recht passen wollen.

Kein Wunder, die Sache ist klar und aus jeder Perspektive allzu verständlich: Die junge Mutter ist reichlich genervt, und obwohl sie sich zur eigenen mentalen und praktischen Vorbereitung rechtzeitig vor der Geburt durch ganze Ratgeber-Bibliotheken zum Thema Babypflege gelesen, gewissenhaft etliche Kurse besucht und die Informationen der Hebamme begierig in sich aufgesogen hat, fürchtet sie sich insgeheim doch davor, Fehler zu machen. Da bleibt es nicht aus, dass sich manchmal ein leises Gefühl der Überforderung einschleicht, das vom Bewusstsein der neuen Verantwortung in der noch ungeübten Mutterrolle und vom körperlichen Stress verstärkt werden kann. Immerhin liegt die kraftzehrende Geburt noch nicht so weit zurück; die Nächte können sehr kurz sein, wenn das Baby seinen Rhythmus zwischen Schlafen und Wachen noch nicht gefunden hat; und zu allem Überfluss tanzen die Hormone im Blut Rock'n'Roll und müssen erst einmal wieder ins Gleichgewicht kommen. Wer kann es also übel nehmen, wenn die junge Mutter eventuell sogar ausrastet und schmerzhafte Bemerkungen wie »Bleib mir doch mit deinen Ratschlägen vom Hals. Ich weiß selbst am besten, was ich tun muss!« wie Giftpfeile in Richtung Großmutter schießt?

Und diese? Oh je! Sie antwortet mit einem: »Kind, ich meine es doch nur gut, ich will dich doch nur unterstützen …« Klar, was die junge Mutter jetzt noch nicht einschätzen kann, weil die Situation vollkommen neu ist und sie genug mit sich selbst und ihrer Aufgabe zu tun hat, ist der Enthusiasmus der Großmama. Denn die sieht sich in eine Zeit zurückversetzt, die lange vorbei ist – damals hatte sie selbst ein Neugeborenes und war selbst in die Mutterrolle hineingewachsen. Plötzlich ist all das wieder da! Ein kleines, schutz- und hilfloses Bündel Mensch, das auf Gedeih und Verderb auf die Fürsorge seiner Eltern angewiesen ist, all diese Erinnerungen an die eigenen Anfänge, die häufig schwierigen materiellen Umstände beim Start der Familie. Diese Bilder laufen wie ein Film im Kopf ab. Was, bitte schön, kann denn falsch daran sein, zu helfen und zu raten, wenn man sieht, dass man hier und da eingreifen sollte?

Eigentlich nichts, da haben Sie schon Recht. Aber lassen Sie sich selbst, der jungen Mutter und Ihrem Enkelkind doch ein bisschen Zeit! Für alle ist die Situation völlig neu, und alle müssen ihre Rolle erst finden. Versuchen Sie deshalb auch, Ihre Euphorie ein wenig zu bremsen. Und: Eingreifen? Bei allem Verständnis – vergessen Sie nicht (auch wenn es manchmal schwerfällt), dass Ihr Kind jetzt selbst ein Kind hat, also in einem Alter ist, in dem es für gewöhnlich selbstständig und fest mit beiden Beinen im Leben steht. Geben Sie der jungen Mutter deshalb nicht das Gefühl, ständig etwas falsch oder »suboptimal« zu machen. Auch Sie selbst haben doch aus Ihren eigenen Fehlern gelernt und sind heute stolz darauf, oder? Dann geben Sie auch anderen die Chance dazu und seien Sie nicht zu schnell verstimmt, wenn die junge Mutter manchmal etwas kratzbürstig reagiert. Sie wissen ja – die Hormone!

Regeln im Gefühlschaos

Alles braucht seine Ordnung, im Großen wie im Kleinen. Wo keine Regeln sind, driftet die Welt schnell ins Chaos ab. Das gilt auch für menschliche Beziehungen, die ohne festen Rahmen, ohne gegenseitige Vereinbarungen und Regeln für einen verträglichen Umgang miteinander schnell unerfreulich werden können.

Doch wem sagen wir das? Als Großeltern wissen Sie doch am besten, wie wichtig Vereinbarungen und Regeln sind. Sie sind beziehungs- und lebenserprobt! Mit Ihrem

Partner haben Sie gute und schlechte Zeiten, Sonnenschein und Regenwetter erlebt und haben bestimmt auch die eine oder andere Sturmböe überstanden. Gut gegangen ist es, weil Sie sich – bewusst oder unbewusst – an gemeinsame Vereinbarungen gehalten und bestimmte Grenzen nicht überschritten haben, die natürlich zunächst ausgelotet werden mussten. Das hat funktioniert, mal besser, mal schlechter, aber es hat funktioniert. Der sichtbare Beweis ist Ihr Nachwuchs!

Auch jetzt ist es wieder an der Zeit, Vereinbarungen zu treffen und Grenzen auszuloten: mit den Eltern Ihrer Enkelkinder, also mit Ihren Kindern. Oh je, ist das nicht ein bisschen gezwungen, ein bisschen künstlich? Vereinbarungen? Wir *lieben* unsere Kinder und unsere Enkelkinder. Kann man noch mehr verlangen?

Nein, natürlich nicht! Trotzdem soll Ihre Liebe aber ja Freude bereiten und für Sie selbst und die anderen Familienmitglieder immer ein gutes und wohliges Gefühl stiften. Denken Sie deshalb mal über ein, neudeutsch *Commitment* genanntes, Regelwerk nach. Das ist nichts anderes als eine Vereinbarung über grundlegende Formen des Umgangs miteinander. Vielleicht können Sie darauf auch verzichten, weil im Verhältnis zu Ihren Kindern und Enkelkindern alles wunderbar läuft und Sie unbewusst und ganz automatisch wissen, wie weit Ihr eigener Zuständigkeitsbereich reicht. Falls aber nicht, könnte so ein Commitment helfen.

Sophie zum Beispiel. Die Kleine ist zarte acht Monate alt und besitzt einen Kleiderschrank ungeahnten Ausmaßes: Strampelanzüge, Söckchen, Schühchen, Häubchen, Mützchen, Schälchen. Jeder Kinderausstatter würde vor Neid erblassen. Wie kommt's? Nun, beide Großmamas verwandelten sich, sobald der errechnete Geburtstermin des Enkelkinds bekannt war und sein Geschlecht feststand, in regelrechte *Shoppingmaniacs*, in Einkaufsmonster und

Schrecken der Fußgängerzonen. Flugs verbarrikadierten sich die künftigen Omas jeweils für ganze Nachmittage in Geschäften mit Babybekleidung. Kurz vor Ladenschluss wurden prall gefüllte Einkaufstüten nach Hause geschleppt, der Inhalt wurde kunstvoll mit Geschenkpapier umwickelt und in riesige Präsentpakete mit großen Schleifen gepackt. Kurzum: Auf die kleine Sophie rollte, kaum dass ihr erster Schrei verklungen war und sie die Geburtsstation verlassen hatte, eine gewaltige Lawine von Klamotten zu. Dabei nahm jede der Großmamas für sich selbstverständlich in Anspruch, nur den besten Geschmack zu haben – ein himbeerfarbener Strampler mit blauer Knopfleiste (»Ach, wie süß!«) oder ein quietschgelber Body, mit dem Sophie an einen Kanarienvogel erinnert ... Sei's drum, gekauft ist gekauft und einem geschenkten Gaul schaut man nicht ins Maul!

Wirklich? Sabine, Sophies Mutter, schwankte und wankte – zwischen Gerührtheit, Dankbarkeit, einem heimlichen Schmunzeln über den nicht enden wollenden Tsunami aus Seide, Wolle, Samt und Frottee und einer gehörigen und zunächst ganz undefinierbaren, gleichwohl aber riesengroßen Portion Wut über die Selbstverständlichkeit, mit der Sophies Großmütter ihre Mode diktierten. Als Sabines Vater dann auch noch mit einem Kinderdreirad, Marke Tigerente, anrückte (Sophie feierte gerade ihre dritte Woche auf dieser Welt und dachte noch nicht im Traum daran zu laufen, geschweige denn zu fahren) und Schwieger-Opa Horst kurz darauf mit einer sexy Barbiepuppen-Garnitur (platin- und dunkelblond, rot-, schwarz- und braunhaarig) konterte, platzte Sabine der Kragen: »Könnt Ihr diesen Terror bitte sofort stoppen und uns vielleicht einmal fragen, was wir wirklich brauchen können?«

Unverständnis, Leere, blankes Entsetzen – und riesenhafte Enttäuschung aufseiten der Großeltern! Na ja, Sabines Reaktion ist sicherlich hart und auch den Anstrengungen der ersten Zeit nach der Geburt geschuldet, in der noch nicht alle ihren Rhythmus gefunden haben. Tom, Sophies Vater, versucht denn auch, die aufflackernden Emotionen allseits zu beruhigen. Trotzdem gibt es natürlich eine tiefere Ursache für den Aufruhr, den alle Beteiligten hätten vermeiden können. So liegt es doch auf der Hand, dass Mutter Sabine und meistenteils auch Tom eigene Vorstellungen davon haben, wie der neue Familienspross einzukleiden ist, welche Spielsachen er angeboten bekommt und wie der erste fahrbare Untersatz beschaffen sein sollte, mit dem Sophie frühestens in eineinhalb Jahren einmal die Gegend unsicher machen wird. Genau: Hier fehlen Vereinbarungen zwischen den Generationen, die Missverständnisse und Ärger ganz einfach vermeiden helfen. Besser wäre es sicher gewesen, wenn Sabine die künftigen Großeltern, gemeinsam oder unabhängig voneinander, schon vor der Geburt zu einem Einkaufsbummel mitgenommen und bei dieser Gelegenheit deutlich gemacht hätte, was sie sich für die kleine Sophie vorstellt – welche Farben, welche Stoffe und Materialien und welche ersten Spielzeuge. Da ist Einfühlungsvermögen von allen Seiten gefragt, und das angesprochene Commitment. Hiermit könnte zum Beispiel festgelegt werden, dass Sie als Großeltern ein kleines Konto einrichten, von dem die Eltern Babyausstattung und Ausrüstungsgegenstände für ihr Kind (Kommode, Badewanne, Kinderwagen, später dann einen Buggy, Kindersitze für den Esstisch und das Auto usw.) bezahlen. Ebenso könnten sich die Großeltern Aufgaben und Anschaffungskosten teilen. Dann wären die einen, je nach Absprache mit den Eltern, für den Monatsbedarf an Pampers und die anderen für die Schuhe zuständig. All das ist möglich – und ratsam.

Besonders geschickt gelöst hat dieses Problem übrigens Laura, eine Freundin von Sabine. Ihr Sohn Maximilian war gerade geboren, da begann sie damit, kleine Pappkartons in der Größe von Geschenkkärtchen an die Türklinke des Kinderzimmers zu hängen. Darauf standen ihre Wünsche für das kleine Mäxchen und sinnvolle Anschaffungen. Ohne Frage fanden diese gut gemeinten Hinweise besonders reißenden Absatz, wenn Omas und Opas zu Besuch waren!

Gute Werte, schlechte Worte

Matthias ist eigentlich ein lieber und aufgeweckter Junge, freundlich und rücksichtsvoll. Dabei kann er aber auch ein richtiges Temperamentsbündel sein, das nicht so leicht zu bändigen ist. Seitdem er die Schulbank drückt, haben seine Umgangsformen gelitten, und er wirft oft mit Ausdrücken und Schimpfwörtern wie »Sch...!«, »Mistkerl« oder gar »A...!« um sich. Seinen Großeltern gefällt das ganz und gar nicht, und sie versuchen, ihm die »schlimmen Wörter« zu verbieten. Wenn Matthias zu Besuch ist, kriegt er deshalb regelmäßig die rote Karte: »Lass das, Matthias! Ich will so etwas nicht hören. Das sagt kein anständiger Junge!«

Zu Hause aber lassen sie alle Fünfe gerade sein. Als die Großeltern zum Essen eingeladen waren, meinte Matthias' Vater gar: »Lasst ihn doch, ihr könnt ihn nicht immer nur korrigieren. Ich will diese Fäkalausdrücke auch nicht hören. Was meint Ihr aber, was los ist, wenn er mit seinen Schulfreunden hier herumtobt? Da bleibt kein Auge trocken, da fallen noch ganz andere Ausdrücke!«

Wie reagieren? Hand aufs Herz: Als Kinder haben wir auch alle die Schlimme-Wörter-Phase durchlaufen und sind bei den Erwachsenen angeeckt. Das hat viel mit der kindlichen Entwicklung zu tun: Die Kleinen sind schon wer (sie fühlen sich jedenfalls so) und wollen das lautstark demonstrieren. Sie testen die Grenzen aus, haben Spaß daran, Ältere zu schockieren, und müssen schließlich dieselbe Sprache sprechen wie ihresgleichen. Sonst gelten sie schnell als uncool und Mamasöhnchen. Außerdem, und das sollten Großeltern keinesfalls vergessen, dreht sich die Welt immer schneller: Ihre Enkelkinder wachsen in einer anderen Zeit auf, sehen Filme im Fernsehen, die sie wahrscheinlich noch nicht sehen sollten, und spielen Computer- und Videospiele, bei denen Sie sich mit Grausen abwenden würden. Nein, das ist nicht mehr die heile Welt des Heimatfilms aus den 1950er-Jahren. Das hat mit Ihren Kindheitsidealen und -idolen eines Karl May, Mark Twain oder Robert Louis Stephenson nichts mehr zu tun. Tom Sawyer und Huckleberry Finn waren verbale Waisenknaben im Vergleich zu Ihren hartgesottenen Enkeln heute. Schön ist das manchmal nicht, aber Ausdruck einer anderen Zeit.

Trotzdem können auch Sie dabei helfen, dem Nachwuchs Grenzen aufzuzeigen. Auch wenn es Ihnen manchmal schwerfällt zu begreifen, dass Schule und Elternhaus heutzutage offensichtlich nicht mehr den »Durchgriff« wie früher haben, können Sie mit Ihrem guten Beispiel zeigen, dass nicht jedes zweite Wort in der Konversation ein Schimpfwort sein muss. Insofern ist es gut, Ihre eigenen Werte auch den Enkelkindern zu vermitteln und die Eltern bei der Erziehung zu unterstützen. Auch hierbei ist es jedoch wichtig, sich mit den Eltern abzusprechen. Denn es ist nur wenig sinnvoll, Verhaltensweisen zu kritisieren und zu hinterfragen, die von den Eltern Ihrer Enkelkinder toleriert werden. Ebenso wenig – und dies dürfte weitaus öfter der Fall sein – ist es gut, Erziehungsmaßnahmen der Eltern zu unterlaufen und Ihre Enkel beispielsweise unbeaufsichtigt vor dem Fernsehgerät sitzen zu lassen, wenn sie zu Hause ausdrücklich lediglich ausgewählte Sendungen sehen dürfen. Hier sollten Sie unterstützen und nicht unterminieren. Andererseits kann es auch hilfreich sein, wenn Kinder in vernünftigem Maße unterschiedliche Regeln erleben. Daran reifen sie, zweifellos. Wenn Ihr Enkelkind Sie am Wochenende besucht, dann kann es zum Beispiel sein, dass es länger aufbleiben darf, schon alleine deshalb, weil es eventuell schon zur Schule geht und am Sonntagmorgen nicht früh aufstehen muss. Zu Hause bei den Eltern gelten dann wieder die strengeren Zubettgehzeiten. Das schafft Freiräume, aber auch ein Gefühl für die Notwendigkeit verschiedener Regeln und Vereinbarungen.

Zu Ihren eigenen Werten zählen aber natürlich noch ganz andere, viel bedeutendere Dinge: Respekt vor anderen Menschen, ein höflicher und freundlicher Umgang miteinander, die Achtung vor der Schöpfung, Zuverlässigkeit und Ehrlichkeit. All das können Großeltern ihren Enkelkindern auf spielerische Art und Weise vermitteln. Denn sie verfügen über einen kostbaren Besitz, den die Elterngeneration nicht hat: Zeit. Während Vater und Mutter meist zwischen ihrem Arbeitsplatz und der Wohnung hin- und herhetzen, Geld verdienen müssen und das Alltagsleben organisieren, können Großeltern, sofern sie gesund und munter sind, die Seele baumeln lassen und sich ausgeglichen und ruhig der philosophischen Betrachtung der Welt überlassen. Für Enkelkinder ist das häufig eine faszinierende Erfahrung! Während Papa oder Mama, mitunter genervt von ihrer Arbeit und den vielen alltäglichen Problemen, oft genug nur kurz angebunden und mürrisch auf all die Warum-Fragen ihrer Sprösslinge reagieren, sind Oma und Opa viel ausgeglichener und reflektieren mit den Kleinen: Ja, warum ist dies und das eigentlich wirklich so? Warum ist der Himmel blau, das Wasser nass und der Schnee so kalt? Warum hat eine Katze keine Flügel, und warum wächst der Apfel auf dem Baum und warum wächst die Kartoffel in der Erde? Da entstehen viele Gespräche zwischen Großeltern und Enkeln, die Väter und Mütter nur selten erleben!

Auch die größte Freiheit ist nicht grenzenlos

Manchmal ist die Beziehung eines Enkelkinds zu seinen Großeltern so perfekt und harmonisch, dass sie beinahe wie ein Klischee erscheint. Davon beispielsweise kann Matthias berichten, der heute als IT-Manager seine Brötchen verdient und auf eine mindestens ebenso innige Bindung zu seiner längst verstorbenen Großmutter zurückblickt wie Amerikas Präsident Barack Obama, der von seiner Großmutter erzogen wurde.

Matthias und sein zwei Jahre jüngerer Bruder Michael sowie Cousin Dieter verbrachten von früher Kindheit an viel Zeit bei ihren Großeltern, häufig die gesamten Schulferien und so manches Wochenende. Seine Eltern und auch Tante und Onkel lebten in der Nähe der Großeltern und machten ausgiebig Gebrauch von Oma Friedas und Opa Karls Babysitterqualitäten. Alle Elternteile gingen einer zum Teil zeitaufwändigen und anstrengenden Berufstätigkeit in der Stadt nach – und waren froh, wenn sie ihren Nachwuchs auf dem Lande gut versorgt wussten.

Frieda und Karl haben längst ihre Ruhe gefunden und liegen hinter den Friedhofsmauern des kleinen Dorfs, in dem sie zeit ihres Lebens wohnten. Doch Matthias versäumt es bis heute nicht, so erzählt er, wenigstens alle zwei oder drei Jahre einen Abstecher an diesen abgelegenen Ort zu machen und seine Großeltern zu besuchen.

In seiner Kindheit herrschte dort buchstäblich die große Freiheit, erinnert er sich, und dort war auch der eigentliche Mittelpunkt der Familie, wo Eltern und Enkel immer wieder zusammentrafen. Die »Jungs«, wie Großmutter Frieda ihre Enkelkinder nannte, konnten dort unbeschwert all die riskanten und höchst gefährlichen Abenteuer erleben, die die Eltern, bei jeweils genauer Kenntnis der Ereignisse, an den Rand des Herzstillstands getrieben hätten: Da wurden die Felsen der grandiosen und romantischen Mittelgebirgslandschaft bestiegen, in der das Dorf der Großeltern lag, freihändig, ohne Seil und Sicherungen; da wurde über schmale Grate und Stege balanciert und die Höhenangst besiegt; da wurde auf morsche und im Wind ächzende Bäume geklettert, um große Krähennester zu inspizieren; und da sprang man von der hohen Uferböschung kopfüber ins herrlich erfrischende Wasser eines Badesees, ohne dessen Tiefe zunächst ausgelotet zu haben. In den Augen der Eltern (wenn sie es denn gewusst hätten) wäre dies alles unverantwortlicher Leichtsinn gewesen, der sofort hätte unterbunden werden müssen. Etliche Quetschungen, Prellungen und Verstauchungen fügte sich das Trio über die Jahre denn auch zu, weiß Matthias, und eine breite Narbe am Handrücken zeugt von einem fehlgegangenen Wurf seines Bruders mit Opa Karls Jagdmesser. Michael war auf die Idee gekommen, Messerwerfer zu spielen, hatte behauptet, die Technik perfekt zu beherrschen, und Matthias war dummerweise damit einverstanden gewesen, sich an den Stamm einer großen Buche fesseln zu lassen. Pech. Denn der verhinderte Messerkünstler traf nicht *neben*, sondern überaus schmerzhaft *in* die Hand seines Bruders. Oma Frieda schimpfte alle drei aus, das ist klar, stillte die tiefe Wunde mit Mull und reinigte sie mit einer beißenden Jodtinktur – und Opa Karl versteckte sein Jagdmesser fortan im Keller. Dann aber gab es duftenden Braten und große Kartoffelklöße, und Matthias, der nicht nur eine große Portion verputzte, sondern auch seinen Schrecken vergaß, war stolz auf den Verband um seine Hand und seine erwiesene Männlichkeit, weil er im Augenblick der Verletzung jede Träne verdrückt hatte.

Diese Form von Freiheit gab es für Matthias nur bei den Großeltern und sie bildete einen krassen Gegensatz zum Leben in der Stadt. Mehr noch, sie war der Entwurf eines völlig anderen Lebens, fast ohne Regeln und Vorschriften, ohne ständige Ermahnungen und allgegenwärtige Verbote, die die Welt der »Jungs« in Stadt, Schule und der elterlichen Wohnung in ein enges Korsett zwängte. Das stärkte das Selbstbewusstsein, schuf beinahe unendliches Selbstvertrauen und war ein kostbares Erbe für das spätere Leben.

Doch auch diese unermessliche Freiheit stieß an Grenzen, wenn unausgesprochene, aber gleichwohl unumstößliche Prinzipien unbeachtet blieben. So war da zum Beispiel die Sache mit den Fröschen, eine Angelegenheit, die Matthias auch nach dreißig Jahren noch gut im Gedächtnis hat: »Irgendein Dorfjunge, mit dem wir öfter spielten, war auf den Gedanken verfallen, mit einem großen Fischernetz Frösche zu fangen, die sich in einem nahen Teich tummelten.« Gesagt, getan. Die Frösche wurden gefangen und in einen Eimer mit frischem Wasser gesperrt. Das allein wäre nicht weiter schlimm gewesen, hätte der Spielkamerad, der ein rechtes Raubein war, nicht damit begonnen, Frosch um Frosch die Hinterbeine abzuschneiden. »Wir machen uns Froschschenkelsuppe, wie die Franzosen«, verkündete er und hatte offenbar großen Spaß daran.

Dieter war es, der Cousin, der nicht dichthalten konnte und Großmutter Frieda brühwarm die Geschichte beim Abendbrot servierte. Das hätte er besser nicht getan, denn Frieda, die stets freundliche, gut gelaunte und sanfte Großmutter, versetzte allen dreien derart derbe Ohrfeigen, dass der Ellenbogen von Bruder Michael vom Tisch rutschte und ihm der Suppenlöffel zu Boden fiel: »Euch werd' ich helfen, Tiere zu quälen! Armselige Halunken seid ihr!«

Matthias war zu Tode erschrocken: »Ich kann mich nicht daran erinnern, dass Oma zuvor oder danach jemals die Beherrschung verloren hätte. Sie war ein grundguter Mensch, der kaum jemals laut wurde. Geschweige denn, dass sie uns sonst jemals geohrfeigt hätte.«

Das Ereignis hatte Nachwirkungen: Die Großmutter sprach zwei Tage lang kein Wort mehr mit ihren »Jungs«, und Großvater Karl erklärte den Unterschied zwischen seinem Tun auf der Jagd, wenn er Rehe und Hasen tötete, und einem Gemetzel an harmlosen Teichfröschen: »Tiere töten wir, weil wir es müssen«, hatte er gesagt, »weil wir essen und uns kleiden wollen. Früher war das bei den Menschen ja auch so, dass die Felle der gejagten Tiere zu Jacken, Mützen und Hosen verarbeitet wurden. Heute ist das natürlich nicht mehr notwendig, da kriegen wir unsere Kleider aus großen Fabriken. Aber Kühe, Schweine und Hühner essen wir auch heute noch, und auch von den Tieren im Wald müssen wir immer eine bestimmte Zahl schießen, weil es sonst zu viele werden. Natürlich schmecken sie auch gut, nebenbei bemerkt«, hatte er schmunzelnd hinzugefügt, dann aber wieder mit ernster Miene erklärt, dass nur schlechte oder ausgesprochen dumme Menschen Spaß daran finden könnten, Tiere zu quälen und ihnen unnötige Schmerzen zuzufügen. Die Sache war klar und durch die ruhige und zugleich nachdrückliche Art, in der Großvater Karl seine Worte wählte, auch für einen neun- und zwei elfjährige Racker gut zu verstehen. Vor allem aber war die große Freiheit an eine Grenze gestoßen.

Matthias' Großeltern haben selbstverständlich ganz im Sinne seiner Eltern gehandelt und die Neigung so mancher Jungs, rau und herzlos mit Tieren umzugehen, schon im Keim erstickt. Hier gaben ihre Werte, vor allem der Respekt vor der Schöpfung und ihren Lebewesen, die Verhaltensregeln vor. Bei anderen Angelegenheiten aber, zum Beispiel bei den durchaus riskanten, aber jungentypischen Erkundungen von allerlei Höhen und Tiefen, hatten sie überhaupt nichts einzuwenden und machten sich kaum Gedanken.

Vielen Großeltern mag es ratsam erscheinen, ihren Enkelkindern größere Freiheiten zu lassen, als diese bei ihren Eltern genießen – sei es, dass sie länger aufbleiben dürfen, sie länger draußen herumtoben können oder sie einfach nicht so stark gegängelt und kontrolliert werden. Gerade das schätzen die Kinder, gerade das macht oft den großen Unterschied zwischen Papa und Opa und zwischen Mama und Oma aus. Und das ist gut so, denn dieser Unterschied in der Lebens- und Verhaltensweise verschiedener Generationen ermöglicht den Kindern die Entwicklung zusätzlicher Potenziale. Wichtig dabei bleibt freilich, dass Oma und Opa wesentliche Erziehungsprinzipien der Eltern nicht bewusst und vorsätzlich unterlaufen, etwa, um ihnen eins auszuwischen oder weil sie die Einstellungen der Eltern insgeheim nicht teilen. Darüber sollte in jedem Fall gesprochen werden, denn, wie heißt es so schön: »Kinder, Narren und Betrunkene sagen immer die Wahrheit ...«

Geschenke, Geschenke, Geschenke?

Katrinchen ist schon jetzt Millionärin – Spielzeug-Millionärin. Mit ihren sechs Jahren besitzt sie 128 Puppen und puppenähnliche Wesen, drei Schmink- und Kosmetikkoffer mit ungezählten Püderchen, Tübchen, Spiegelchen und Pinselchen für ihr Puppenbataillon und sich selbst. Sie besitzt zwei große Schränke, vollgestopft mit Teddybären, Stofftieren von allerlei Art, Form und Farbe, massenweise Spieldosen, Xylofone und Glockenspiele, Harmonikas und Pianinos, Flöten, Pfeifen und Trommeln. Dazu nennt sie drei (oder sind es vier?) CD-Player mit einem rosafarbenen Koffer voller silberner Scheiben, ein kleines Fernsehgerät mit integriertem DVD-Rekorder und ein lustiges Hängeregal an der Wand darüber mit allen Filmen ihr eigen, die ein Kinderherz angeblich höherschlagen lassen: Komplettstaffeln der *Teletubbies* und von *Pocahontas*, alle Folgen von *Michel aus Lönneberga* und der *Sendung mit der Maus*, Trickfilme, Comics und, und, und ...

Wie viele Millionärinnen weiß Katrinchen den Wert der Dinge nicht mehr zu schätzen, die in ihrem Zimmer Regale, Borde, Schränke und Truhen verstopfen. Sie ist zwar gerade erst eingeschult worden, hat aber bereits gelernt, dass Puppen, denen sie versehentlich auf den Kopf getreten ist, oder Musikinstrumente, die nicht mehr klar und deutlich klingen, umgehend ersetzt werden. Nein, nicht nur an Geburtstagen und zu Weihnachten regnet es Geschenke, sondern das ganze Jahr hindurch! Sie kann sich beim besten Willen nicht daran erinnern, dass einer von den Opas oder eine von ihren Omas jemals zu Besuch gekommen wäre, ohne nicht mindestens ein Geschenk für den kleinen Sonnenschein hervorgezaubert zu haben. Was für ein Glück für den Mann, dem Katrinchen in ihrem späteren Leben einmal begegnen wird – falls er Fortune hat, Diamantenhändler oder Scheich zu sein.

Im Ernst: Kinder mit Geschenken zuzuschütten ist ein höchst fragwürdiges Verhaltensmuster mancher Erwachsener. Was soll das? Wozu? Weil sie sich die Liebe eines Kindes erkaufen wollen, weil sie all das schenken und damit mittelbar besitzen wollen, was sie als Kind selbst entbehrten? Um ihr schlechtes Gewissen – aus welchen Gründen auch immer – zu beruhigen?

Es mag viele Gründe dafür geben. Dabei steht jedoch fest, dass zu viele Geschenke (frei nach dem Sprichwort »Geld verdirbt den Charakter«) für die Bildung der kindlichen und heranwachsenden Persönlichkeit nicht unbedingt förderlich sind. Wer überschüttet wird mit Präsenten und nur noch mit den Fingern schnippen muss, damit Oma und Opa, Mami und Papi zum Shoppen eilen, der hat bald keine

wirklichen Wünsche mehr und auch keinen inneren Antrieb, für die Erfüllung eines heiß ersehnten Spielzeugs alle Kräfte zu mobilisieren – zum Beispiel selbst kleine Hausarbeiten für ein paar Euro zu erledigen oder im Teenageralter Zeitungen auszutragen. Eine solche Erziehung mündet häufig in eine innere Leere. Keine Wünsche, keine Sehnsüchte, keine Ziele – am Ende keine Perspektive.

Moderne Großeltern sollten deshalb in der heutigen Wohlstandsgesellschaft (was sie in weiten Teilen immer noch ist) bei der Zahl und Auswahl ihrer Geschenke für Enkelkinder vorsichtig sein. Weniger ist oft mehr, und Teures ist nicht immer das Beste: Viel wichtiger und wertvoller als exklusive Geschenke ist die Zeit, die sie mit ihren Enkelkindern verbringen! Manche Stunden, in denen den Kindern Märchen und Geschichten vorgelesen werden, wenn Oma groß aufkocht und dabei von früher erzählt oder wenn Opa mit dem Enkel im Wald spazieren geht, Pfeil und Bogen und eine kleine Steinschleuder schnitzt, sind unvergänglich und graben sich tief ins Gedächtnis der Kinder ein. Diese Dinge sind sprichwörtlich *wertvoll*, voller Wert für alle Beteiligten und unendlich wertvoller als alles gekaufte Spielzeug, und sei es auch noch so teuer und kostspielig.

»Süßes« Fast Food – zartbitterer Nachgeschmack

Ebenso verhält es sich mit Süßigkeiten. Viele Kinder sind heute zu dick, fast jedes zweite Kind ist übergewichtig, das ergeben Untersuchungen von Schulärzten.

Zugegeben, am wenigsten hat das allerdings mit Schokolade zu tun, sondern vielmehr mit Fast Food, dem schnellen Essen. Fetttriefende Burger, Pommes mit Majo und Cola – ungesünder kann man sich kaum ernähren. Fett und Zucker gehen bei diesen Produkten eine geradezu ideale Kombination ein und potenzieren sich zu hartnäckigem Körperspeck, der eine echte Hypothek fürs spätere Leben sein kann.

Dabei ist es für Großeltern vermutlich aussichtslos, ihre Enkelkinder von den Fast-Food-Tempeln unserer Zeit fernzuhalten. Das Vermarktungskonzept der Unternehmen in der »Erlebnis-Gastronomie« ist genial, und von den angebotenen Gerichten, der Art ihrer Zubereitung, der Verpackung bis hin zu den Geschenkzugaben und dem Ambiente der Restaurants ist alles auf den Geschmack von Kindern und Jugendlichen ausgerichtet. Zudem gehen auch viele ihrer Freunde und Spielgefährten gerne zu Burger & Co., und häufig auch die Eltern und älteren Geschwister. Ein striktes Verbot erschiene eher weltfremd und wäre wohl auch kaum durchsetzbar. Allerdings ist es mit dem Fast Food so wie mit allem im Leben: Auf das richtige Maß kommt es an. Hin und wieder ein Burger oder die heiß geliebten Pommes sollten nicht zum Problem werden, wenn sich Ihre Enkelkinder ansonsten gesund und vernünftig ernähren und sich ausreichend bewegen.

Trotzdem, oder gerade deshalb ist die Ernährung der Enkelkinder eine Aufgabe, bei der Großeltern erzieherischen Einfluss nehmen *können* und sogar *sollten*. Ja, Sie *sollten* sich durchaus einmischen, wenn Sie feststellen, dass Ihr Enkelkind ungesund oder nicht ausreichend ernährt wird. Viele Kinder frühstücken ja schon gar nicht mehr richtig und nehmen sich von zu Hause keine Pausenbrote mehr mit in die Schule. Für den kleinen oder größeren Hunger muss dann nicht selten ein Schokoriegel oder die Bonbontüte herhalten.

Häufig haben ja auch schon die Eltern Ihrer Enkelkinder, also Ihre eigenen Kinder und Schwiegerkinder, das nötige Wissen um eine gesunde Ernährung verloren und leben in einer Welt voller Stress und Termine – hier eine Tütensuppe, dort eine Tiefkühlpizza oder ein schnelles Fertiggericht. Woher sollen Ihre Enkelkinder unter solchen Voraussetzungen denn lernen, dass sie ihrem Körper ausreichend Vitamine, Ballaststoffe und Mineralien zuführen müssen, um die Leistungskraft zu erhalten und die körperliche und geistige Entwicklung zu fördern – wenn nicht von Ihnen? Zeigen Sie Ihren Enkelkindern, wie lecker ein knackiger und mit frischen Gartenkräutern zubereiteter Salat sein kann und dass man für eine Schale frischer Erd-, Him- oder Brombeeren in kalter Milch getrost auf jede Tafel Schokolade verzichten kann!

VOM BABY ZUM TEENIE: ENKELKINDER UND IHRE ENTWICKLUNGSSTADIEN

Hormone tanzen Rock 'n' Roll: Wie können Großeltern unmittelbar nach der Geburt helfen?

In den allermeisten Fällen bedeutet die Geburt eines Kindes einen tiefen Einschnitt in das Leben eines Paares. Es soll zwar auch Eltern geben, die mit dem Familienzuwachs eher rational umgehen und vorwiegend die materiellen und organisatorischen Veränderungen im Blick haben, die ein Baby mit sich bringt. Doch das ist wohl eher die Ausnahme. Für gewöhnlich erleben Eltern eine der am tiefsten berührenden und nachhaltigsten emotionalen Phasen ihres Lebens.

Das gilt besonders für die Zeit der Schwangerschaft, den Geburtsvorgang und die ersten Monate danach. Dabei handelt es sich um einen höchst intimen Vorgang zwischen zwei Erwachsenen und in jedem Partner selbst. Zum einen ist die werdende Mutter dabei, sich völlig neu zu positionieren. Besonders beim ersten Kind stellt sie sich häufig Fragen wie: »Kann ich das?«, »Bin ich reif und bereit dazu?«, »Kann ich meinem Kind all das geben, was es wirklich braucht?« Eventuell hat sie auch eine gut dotierte oder für das Haushaltseinkommen notwendige Arbeitsstelle aufgegeben und sorgt sich darum, ob sie nach Mutterschutz und Elternzeit wieder ihre alte oder eine ähnliche Position erhalten wird. Sie möchte ja infolge ihrer Entscheidung für ein

Kind nicht in das Dasein als Hausfrau und Mutter abgeschoben werden.

Zum anderen lernen sich die Partner untereinander von einer völlig neuen Seite kennen. Bisher waren sie nur für den jeweils anderen da; bislang entschieden sie lediglich unter sich, was zu tun war; bisher konnten sie, wenn es ihnen einfiel, spontan ins Kino gehen und sich einen Film ansehen. *Sie* konnte, wenn es die Zeit erlaubte, mit ihren Freundinnen einen draufmachen, und *er* konnte, ihr Einverständnis vorausgesetzt, jederzeit losziehen und mit Kumpels ein paar Bierchen zischen. Ein gemeinsames Wochenende in New York, zum Skifahren in die Berge? Kein Problem, wenn Geld genug vorhanden war. Warum denn nicht?

Und dann für ihn die Verantwortung als Vater! Was heißt das eigentlich? Was bedeutet der Schritt, der jetzt *offensichtlich* für alle getan wurde, obwohl man sich ja auch schon zuvor darüber den Kopf zerbrochen hatte? Vaterpflichten ... Ein Kind unterhalten, für es sorgen, immer da und an seiner Seite zu sein ... Wie heißt es so schön: »Vater werden ist nicht schwer, Vater sein dagegen sehr!«

Alles hat sich verändert. Alles dreht sich um das Baby. Ein kleines Bündel Mensch, völlig abhängig von der Fürsorge seiner Eltern, steht plötzlich im Zentrum des Lebens und regiert mit seinem eigenen Rhythmus kräftig in den gewohnten Puls der Zeit hinein: wachen, schreien, trinken, schlafen, wachen, schreien, trinken, schlafen ... Die junge Mutter konzentriert sich hundertprozentig auf ihr Kind. Alles andere kann sie verdrängen, sie hat jetzt den berühmten Tunnelblick. Ganz besonders wenn sie stillt, was ja die überwiegende Mehrzahl aller Mütter tut, gibt das Baby ganz entschieden den Rhythmus des Alltags vor – wie ein kleiner Diktator. Und dazu noch die hormonelle Umstellung: In der Zeit der Schwangerschaft wurden massenhaft Hormone in den Blutkreislauf gepumpt, die die Mutter euphorisierten, sodass alle körperlichen Beschwernisse der Monate bis zur Niederkunft ertragen werden konnten, besonders aber der schmerzhafte Geburtsvorgang selbst. Wenig später sinkt der Hormonspiegel aber wieder auf das Normalmaß ab, und seelische Verstimmungen, vielleicht sogar eine leichte Depression, können die Folge sein.

Dementsprechend sensibel, kritisch und mitunter ängstlich reagieren viele Eltern, besonders junge Mütter, auf alle Umwelteinflüsse und Signale, die an ihr frisches Nest herangetragen werden. Sie erwarten Einfühlungsvermögen und Verständnis für die neue Situation, in der sie sich befinden, und reagieren bisweilen heftig, wenn sie das vermissen. Sie müssen erst selbst ihren neuen Weg finden und sich mit der ungewohnten Situation arrangieren.

Für Großeltern ist es deshalb sehr wichtig, sich an die eigene Zeit als junge Eltern zu erinnern. Wie war das damals? Wie haben Sie sich gefühlt? Diese Frage sollten sich besonders Großmütter stellen. Denn manche unter Ihnen neigen mitunter dazu – Pardon, und mit allem gebührenden Respekt! –, das eigene Erleben, die eigene Lebensleistung und vor allem die eigenen Vorstellungen von Babypflege und Kindererziehung auf die junge Mutter und Familie zu übertragen. Das aber geht in vielen Fällen schief! Genau genommen muss es sogar schiefgehen, weil es ja sonst der Evolution nicht bedürfte. Jede Generation hat ihre eigenen Lebensumstände, ihre Rahmenbedingungen, die durch gesellschaftliche, materielle und ethische Prinzipien mitbestimmt werden – und das sind nicht immer die Lebensumstände, Rahmenbedingungen und Prinzipien der Großeltern, der Generation zuvor.

Diese Gedanken sollten Sie sich also von Anfang an machen. Und so schwer es sein mag, die eigene Vorfreude auf den Familiennachwuchs zu zügeln, umso bedeutender ist es.

Dann nämlich lassen sich die im Folgenden beschriebenen vier Kardinalfehler gut vermeiden, die Sie als Großeltern in dieser Phase machen können:

1. Gehen Sie ruhig davon aus, dass sich Ihre Tochter bzw. Schwiegertochter bereits während der Schwangerschaft ausgiebig über alles informiert, was sie wissen muss. Das Angebot an Seminaren und Kursen zur Geburtsvorbereitung, an Ratgebern, Hörbüchern und Videos zum Themenkomplex Schwangerschaft, Geburt, Babypflege und Kindergesundheit sowie an Informationen durch Ärzte, Pflegepersonal, Hebammen und Psychologen ist heute derart umfangreich, dass es schon großer Ignoranz bedarf, davon nichts mitzubekommen. Dies gilt nicht nur für werdende Mütter, sondern auch für hoffnungsvolle Väter, die ihre schwangeren Partnerinnen heutzutage oft in Geburtsvorbereitungskurse begleiten und danach – zumindest in der Theorie – die Atemtechnik bei der Presswehe ebenso perfekt beherrschen wie die jungen Mütter. Unterstellen Sie Ihrer Tochter bzw. Schwiegertochter deshalb nicht insgeheim, dass sie sich nicht ausreichend informiert und zu wenig Ahnung von der Materie haben könnte. Natürlich wird auch sie Fehler machen, vermutlich nur andere als Sie selbst …
2. Falls Sie gleichwohl das Gefühl beschleicht, dass etwas schiefläuft, dass Ihr Enkelkind etwas entbehrt, was es dringend benötigt, dass es beispielsweise zu wenig trinkt oder zu wenig schläft, dann schneiden Sie das Thema im Gespräch mit der jungen Mutter ruhig an. Vermeiden Sie dabei jedoch, besserwisserisch oder rechthaberisch zu wirken und Ihre eigenen Erfahrungen als Ultima Ratio anzupreisen. Bedenken Sie immer: Nicht alles, was zu Ihrer Zeit als richtig galt, muss auch richtig sein. Die medizinische und psychologische Forschung hat sich über die Jahrzehnte weiterentwickelt und ist zu neuen Erkenntnissen gelangt. Dabei gilt freilich auch, dass nicht alles richtig ist, was uns heute als

modern verkauft wird. Wie immer im Leben ist alles eine Frage des Augenmaßes und oft auch des gesunden Menschenverstandes.

3. Apropos gesunder Menschenverstand: Die Geburt eines Kindes ist, nicht nur wegen der damit verbundenen körperlichen Präsentation und Verletzbarkeit der Frau, sondern auch infolge der emotionalen Aufgeladenheit der Situation, ein höchst intimer Vorgang. Fast alle Paare möchten den magischen Moment, in dem das Köpfchen des Kindes aus dem Geburtskanal tritt und es seinen ersten Schrei auf dieser Welt macht, für sich alleine genießen. Das gilt auch für die Stunden danach, wenn die [junge] Mutter sich mit ihrem Baby auf der Brust ausruht und seinen Geruch, seinen Geschmack und die Form seines Gesichts und Körpers in allen Einzelheiten in sich aufnimmt. Diese zutiefst archaischen und lebenswichtigen Augenblicke zu stören, hieße schon, reichlich unsensibel zu sein. Trotzdem soll es ja Großeltern geben, die es überhaupt nicht erwarten können, die Entbindungsstation bei erster Gelegenheit zu stürmen – und sich selbst vielleicht auch ein bisschen zu wichtig nehmen …

4. Seien Sie ehrlich zu sich selbst und prüfen Sie, ob Sie gegenüber Ihrer Schwiegertochter eventuell (und ganz insgeheim) nicht doch ein Konkurrenzgefühl haben. Haben Sie Ihren Sohn wirklich ganz losgelassen? Haben Sie ihm wirklich gestattet, ein eigenes Leben mit einer eigenen Familie zu führen, das Sie ganz ohne Eifersucht und ohne gemischte Gefühle akzeptieren und gutheißen? Falls das nicht der Fall ist, versuchen Sie, es so zu sehen, wie es ist: Es ist das Natürlichste von der Welt, dass Kinder aus dem Haus gehen, wenn sie alt genug dazu sind. Es wäre grundfalsch, noch in Kategorien zu denken wie: »Meine Schwiegertochter hat mir den Sohn genommen …« Ganz im Gegenteil: Jetzt ist der richtige Zeitpunkt, alte Gräben zuzuschütten und offene Rechnungen zwischen Eltern und Kindern endgültig zu begleichen! Haben Sie schon darüber nachgedacht, dass die Geburt Ihrer Enkelkinder Ihnen diese Chance eröffnet? Eventuell tragen ja auch Ihre eigenen Kinder noch an Kindheitserfahrungen, für die Sie mitverantwortlich sind. Falls das so ist, dann machen Sie es sich und Ihren Kindern leicht und gehen Sie offenen Herzens auf die junge Familie zu. Es gibt so viele Situationen, in denen die »Jungen« Ihre Hilfe gut brauchen können – Großeltern sind unverzichtbar!

Dabei kann Hilfe ganz praktisch sein – im doppelten Sinne des Wortes. Günstig ist es, wenn Oma und Opa in der Nähe der jungen Familie wohnen und immer wieder mal auf einen Sprung vorbeischauen können, um dies oder das zu erledigen. Wenn der Wohnort der Großeltern weiter entfernt ist, empfiehlt es sich, einen längeren Besuch bei den Kindern einzuplanen. In jedem Fall aber können Sie wertvolle Hilfe anbieten:

› Wenn schon Kinder im Haushalt der jungen Familie leben, können Sie diese zu sich holen oder zeitweise beaufsichtigen, um zu einer möglichst entspannten Situation nach dem Wochenbett beizutragen. Wie sehr Sie Ihre Enkelkinder auch lieben mögen – Sie wissen, dass die Kleinen einem den letzten Nerv rauben können, besonders in Situationen, in denen man es ganz und gar nicht vertragen kann. Das gilt besonders bei Frauen kurz nach der Niederkunft und für ältere Geschwisterchen mit gelegentlich aufflackernder Eifersucht. Ebenso ist zu überlegen, Haustieren vorübergehend Asyl zu gewähren, wenn es nicht gerade Stubentiger sind, die sehr an ihrem Zuhause hängen und denen es reichlich schnurz ist, ob sie einen Mitbewohner mehr umschnurren müssen.
› Mit Ihrer Hilfe und Unterstützung bei der Hausarbeit sammeln Sie ganz bestimmt unendlich viele Pluspunkte!

Dies gilt besonders bei alleinerziehenden Müttern. Doch auch in einer funktionierenden Partnerschaft ist es ja meistens so, dass sich der glückliche und frischgebackene Papa nicht eine wochenlange Auszeit vom Job nehmen kann, um den Haushalt am Laufen zu halten. Häufig bleibt es bei einigen Tagen Sonderurlaub. Umso lieber wird die Unterstützung der Großeltern beim Wäschewaschen, Reinemachen und Einkaufen angenommen. Aber machen Sie nicht den Fehler, täglich wie ein Putzteufelchen durch die Wohnung zu wirbeln und jeder Staubfluse hinterherzujagen. Ein vernünftiger Samstagvormittagsputz genügt, sonst kann sich Ihre gut gemeinte Unterstützung ins Gegenteil verkehren und die Nerven strapazieren, statt sie zu beruhigen. Vielleicht ist es sogar gut, das Großreinemachen auf ein bestimmtes Wochenende alle zwei Monate zu verschieben, an dem Ihre Tochter oder Schwiegertochter körperlich und seelisch wieder voll auf der Höhe ist, und während der ersten Tage nur das Nötigste zu putzen und wegzuräumen.

› Was bestens ankommt, ist bestimmt ein regelmäßig frisch bezogenes Bett und hundertprozentige Hygiene im Sanitärbereich. Auch dafür könnten Sie sorgen!

› Ebenso hilfreich ist es, sich während der ersten Zeit um das leibliche Wohl der jungen Familie zu kümmern. Mama hat gewiss keine große Lust, geschweige denn die Zeit, sich ausgiebig an den Küchenherd zu stellen und zu kochen. Und damit der Ernährer in dieser Zeit des Mangels nicht vom Fleisch fällt, kommen Großmutters Kochkünste oft doppelt gelegen.

› Doch auch mit kleinen Verrichtungen wie regelmäßigem Blumengießen oder Gartenpflege können Sie Freude bereiten und den jungen Leuten helfen. Es sind doch die vielen alltäglichen Kleinigkeiten, die Zeit und Nerven kosten. Wie gut ist es da in dieser aufregenden, aber auch angespannten Zeit, auf die Unterstützung von Großeltern zurückgreifen zu können!

› Last but not least entlasten Sie die junge Mutter erheblich, wenn Sie ihren Nachwuchs dann und wann auf einen Ausflug mitnehmen und spazieren fahren. Dann kann die Mutter auch einmal ausspannen und sich nach eventuell durchwachten Nächten ein wenig regenerieren. Und für Sie selbst ist es doch ein Fest, mit dem Nachwuchs ein paar Stunden alleine unterwegs zu sein, oder?

› Wenn Sie aber beispielsweise in Hamburg wohnen, selbst noch berufstätig sind und die junge Familie in München zu Hause ist, dann wird es natürlich schwierig mit der Unterstützung. Doch auch in diesem Fall können Sie helfen, je nachdem, was Sie sich finanziell leisten können und wollen. Wie wäre es denn mit der Finanzierung einer Haushaltshilfe über einige Wochen nach der Geburt Ihres Enkelkindes oder auch mit der Beauftragung eines Bring- und Holservice?

Die Unterstützung der Großeltern in dieser aufregenden und zugleich sehr strapaziösen Phase für junge Familien kann Gold wert sein! Vermeiden Sie dabei jedoch nach Möglichkeit, allzu präsent zu sein. Nein, es hat nichts mit Undankbarkeit oder Schofeligkeit zu tun, wenn die Mutter des neugeborenen Kindes Sie ob Ihrer Unterstützung nicht in den Himmel hebt: Sie hat ganz andere Sorgen, vielleicht auch Ängste, gewiss aber befindet sie sich in einem Zustand der inneren Anspannung. Da zählt nur die Konzentration auf das Kind, kaum aber die Befindlichkeit von Menschen in ihrer Umgebung. Kopf hoch, das gibt sich! Zudem wird Ihr Enkelkind Ihre Zuwendung und Anteilnahme in dieser Zeit sicher aus vollem Herzen »begleichen«.

»Gestatten, die Babysitter-Profis!«

Großeltern, die der modernen 60-plus-Generation angehören, sind mit Großeltern früherer Zeiten nicht mehr zu vergleichen. Denken Sie an Ihre eigenen Großeltern zurück: Was waren das für alte Leute! Bereits mit Anfang sechzig wirkten viele wie heute siebzig- oder 75-jährige Menschen. Kein Wunder: Die Kriegs- und die unmittelbare Nachkriegsgeneration hatten völlig andere Lebensbedingungen als heutzutage. Sie lebten ein meist hartes Leben mit einem weitaus größeren Anteil an körperlicher Arbeit als jetzt, oft bei schlechter Ernährung und unter primitiven hygienischen Verhältnissen sowie bei unzureichender medizinischer Versorgung. Traumatische Erlebnisse aus Kriegs- und Mangelzeiten mussten überdies aufgearbeitet und die Angst vor der Zukunft ertragen werden. Alles in allem keine guten Voraussetzungen, um frisch wie das blühende Leben auszusehen und bei bester Gesundheit steinalt zu werden.

Ganz anders heute – verkehrte Welt: Das in Deutschland zu Beginn der 1960er-Jahre einsetzende Wirtschaftswunder führte bei breiten Bevölkerungsschichten nach und nach zu einem Leben in wachsendem Wohlstand und materieller Sicherheit. Und wer diese Zeit als junge(r) Erwachsene(r) erlebte und heute Oma oder Opa ist, kann getrost von sich behaupten, einen großen Teil seines Lebens in der größten Prosperitätsphase dieses Landes verbracht zu haben. Kein

Wunder also, dass heutige Großeltern ganz anders sind als frühere Generationen: Sie reisen viel, sind unternehmungslustig, schwingen hier das Tanzbein und machen dort bei einer Kulturveranstaltung die Innenstädte unsicher. Sie sind häufig topfit, gesund und voller Tatendrang – und stehen sich im großen Durchschnitt auch finanziell meist nicht schlecht, weil sie, trotz einer staatlichen Rente, die heutzutage alles andere als sicher ist, in guten Zeiten manche Mark auf die hohe Kante legen konnten. Nein, Großeltern unserer Zeit erinnern oft genug an Promis wie Joan Baez oder Mick Jagger, Christiane Hörbiger und Karl Lagerfeld. »Was, schon siebzig? Nicht zu fassen! Die sind ja noch total aktiv!«

Deshalb ist es nicht verwunderlich, dass Oma und Opa heutzutage häufig nicht einsam zu Hause sitzen, Wollstrümpfe stricken und ein Pfeifchen rauchen, sondern gerade ihren nächsten Trip an die See oder in die Berge planen und ihr Theaterabonnement abarbeiten. Da wird kaum sehnsüchtig darauf gewartet, dass sich die »Jungen« endlich einmal bequemen, am Wochenende bei den alten und armen Eltern vorbeizuschauen. Auf einen Kaffee und ein Stückchen Kuchen – »Mama, wie gut du wieder gebacken hast! Papa, die neue Hose steht dir aber gut …!«

Von wegen! Helmut und Rosmarie zum Beispiel jetten ständig um die Welt. Er, in seiner Erwerbszeit Leiter eines mittelständischen Maschinenbauunternehmens und vor fünf Jahren pensioniert, ist seit gut einem Jahrzehnt Mitglied in einem weltumspannenden Club, der aus Vertretern angesehener Berufe besteht. Zurzeit versieht er den Posten des »Direktors« in Baden-Württemberg. Ein ruhiger Lebensabend? Die »Tagesschau« um acht und dann »Tatort« oder der »Musikantenstadl«? Lächerlich! Heute fliegt man nach Köln, um sich nahe der Domplatte mit den Clubchefs aus Nordrhein-Westfalen, Rheinland-Pfalz und Niedersachsen bei einem Fünf-Gänge-Menü und einem wohltemperierten

Barolo zu verlustieren und dabei die nächste Großveranstaltung zu planen. Morgen fliegt man nach Vegas zu den amerikanischen Brüdern, und übermorgen speist man Tapas und trinkt Wein an den Ramblas in Barcelona. Die Gattinnen sind selbstverständlich immer dabei und dürfen shoppen gehen, wenn die Herren ihre karitativen Aktionen für Jugendliche aus sozialen Problemmilieus planen und ihre Connections zu Minister Sowieso und Staatssekretär XY spielen lassen. Das Leben ist schön! Endlich kann man das tun, worauf man ein Erwerbsleben lang hingearbeitet hat: Renommieren, die Good-Old-Boys-Networks pflegen und den Terminstress als angenehm und unterhaltend empfinden.

Natürlich verläuft nicht jeder Ruhestand nach dem etablierten Muster des Unruhestands von Helmut. Nicht jeder ist auf Du und Du mit VIPs und kann sich all die Flugtickets leisten. Gleichwohl klagen auch viele normal situierte Großeltern über Zeitdruck und Stress, und nicht wenige haben einen volleren Terminkalender als in ihrer Berufszeit. Deshalb gibt es den großelterlichen Babysitter-Service in manchen Familien auch nicht mehr für »lau« und einige gute Worte, sondern nur noch nach einem straffen Organisationsplan, der es Oma und Opa erlaubt, Termine zwischen Kino- und Theaterbesuchen, Fitness- und Wellnesstreffs und Städtereisen zu planen. Schließlich will man ja auch noch was vom Leben haben.

Und das ist doch gar nicht das Schlechteste. Nicht umsonst heißt es: »Wer begehrt sein will, der macht sich rar.« Richtig! Deshalb sollten Sie niemals den Fehler begehen – und freuen Sie sich auch noch so sehr über Ihre Enkelkinder –, ständig Gewehr bei Fuß zu stehen, um auf den nächsten Einsatz am Wickeltisch zu warten. Sonst werden sich Ihre Kinder bald derart daran gewöhnt haben, dass Sie Ihre gelegentliche Absage an die Familienarbeit mit rollenden Augen und einem Schmollen quittieren. Zwar müssen Sie sich sicher nicht derart in den (freiwilligen) Terminstress stürzen wie Helmut und Rosmarie, deren beide Enkelkinder Oma und Opa häufiger bei Videokonferenzen im elterlichen Wohnzimmer als tatsächlich anwesend erleben, aber immer auf Abruf zu sein ist auch nicht gut.

Solche Überlegungen werden Sie jedoch nicht davon abhalten, voller Vorfreude auf den großen Tag zu warten, an dem Ihr Enkelkind geboren wird. Das Gefühl, erstmals Großmutter zu werden, beschreibt Margit, heute stolze Oma von vier prächtigen Enkelkindern, so: »Das vorherrschende Gefühl hat viel mit der Erinnerung an die eigene Mutterschaft zu tun. So etwas Sanftes, Zerbrechliches und Unberührtes in den Arm zu nehmen. Die kleinen Hände und Füße. Das ist einfach schön, kaum zu beschreiben. Dann beobachtet man auch die eigene Tochter in der Entbindungsstation, erschöpft und durchgeschwitzt, und man ist hin- und hergerissen, da man sie einesteils als erwachsene Frau sieht, die jetzt selbst Mutter geworden ist, und andererseits aber auch wieder als Kind, das man selbst einmal geboren hat. Man meint, die Züge der Tochter im Gesicht des Babys zu erkennen. Das ist schon ein ganz besonderes Gefühl von Dankbarkeit und tiefer Freude.« Aber, so Margit weiter, irgendwie ganz tief wisse man auch, dass ein ganz neuer Lebensabschnitt begonnen habe: »Damit treten wir in die dritte Phase ein. Wir waren Kind, Mutter und sind jetzt Großmutter.« Sie lacht: »Dann gibt's nur noch die Rolle als Urgroßmutter – vielleicht …«

Ja, so kann man es sehen. Vor allem aber ist da das Gefühl der Freude über den Familiennachwuchs und des Helfen-Wollens. Deshalb stehen viele Großeltern, so wie es die Zeit erlaubt und die Entfernung vom Wohnort der »Jungen« gestattet, gerne als Babysitter zur Verfügung – wobei dieser Begriff aus dem Englischen doch ein wenig an der wirklichen Bedeutung dieser Familienarbeit vorbeizielt. Unter einem Babysitter stellen wir uns im landläufigen Sinn ja doch etwas anderes als Oma oder Opa vor, eher eine Schülerin oder Studentin, die ihr Taschengeld oder ihre Haushaltskasse aufbessert; jedenfalls klingt der Begriff nach Job und Aushilfe. Ein »Job« ist das Kinderhüten aber keinesfalls! In keiner Phase des noch jungen Lebens.

Deshalb ist es wichtig, dass Großeltern und Eltern einen möglichst offenen Umgang und eine eindeutige Kommunikation miteinander pflegen. Dies sollte dazu führen, dass

- sich Großeltern nicht ausgenutzt fühlen, wenn sie wiederholt zum Babysitten herangezogen werden;
- sie sich auch zurückziehen und »Nein« sagen können, wenn sie eigenen Angelegenheiten und Terminen eventuell den Vorzug geben möchten;
- sie nicht in einen Konflikt mit dem eigenen Rollenverständnis geraten, weil sie sich eventuell noch zu jung und aktiv fühlen, und nicht als Oma oder Opa in der Babysitterrolle abgestempelt werden möchten und
- alle Beteiligten wirklich klar und eindeutig miteinander kommunizieren, das heißt, die eigenen Angebote, Wünsche und Erwartungen eindeutig formulieren, nicht um den »heißen Brei« herumreden und Angelegenheiten, die an- und ausgesprochen werden müssen, nicht in der Schwebe belassen.

Wie in jeder zwischenmenschlichen Beziehung ist es auch im Verhältnis der Großeltern zu den Eltern ihrer Enkelkinder sehr wichtig, für Klarheit zu sorgen. Die größten Missverständnisse entstehen ja, weil die handelnden Personen nicht ausreichend oder nicht wahrhaftig miteinander sprechen wollen oder können.

Nur eine offene Kommunikation und die Möglichkeit, deutlich über seine Wünsche zu sprechen, verhindert, dass sich Großeltern womöglich irgendwann einmal ausgenutzt fühlen. Das müssen die »Jungen« wissen. Das müssen jedoch auch Sie als Großeltern berücksichtigen. Machen Sie sich deshalb nicht selbst etwas vor, überfordern Sie sich nicht – und sagen Sie vor allem immer rechtzeitig, was Sie wollen, was Sie leisten können und wollen und was nicht!

Nun aber geht es zu den einzelnen Lebensphasen und zu den »normalen« Entwicklungsstufen Ihres Enkelkindes/ Ihrer Enkelkinder. Doch keine Bange! Sie sollen nicht kontrollieren, ob sich Ihr Enkelkind körperlich, geistig und seelisch richtig entwickelt. Das ist Aufgabe des Kinderarztes und der Eltern. Hier geht es um Ihre Möglichkeiten als Großeltern, die Entwicklung Ihrer Enkelkinder zu fördern und zu unterstützen.

DAS ERSTE LEBENSJAHR: Nur keine Panik!

Während der Schwangerschaft hat die künftige Mutter die Möglichkeit, den natürlichen und gesunden Wachstumsprozess des Fötus mit Ultraschallmessungen und weiteren medizinischen Tests überprüfen zu lassen. Fehlentwicklungen werden so für gewöhnlich früh und beizeiten entdeckt. Doch auch nach der Geburt des Kindes ist die medizinische Überwachung und Begleitung neugeborener Kinder heute und in einem Land wie der Bundesrepublik Deutschland ganz hervorragend. Noch im ersten Lebensjahr werden sechs kostenlose Basisuntersuchungen durchgeführt – die sogenannten U1 bis U6 – mit vielen medizinischen Tests zu der allgemeinen körperlichen Entwicklung, der Motorik und Koordinationsfähigkeit sowie des Nervensystems, der Reflexe und der Sprachentwicklung.

Sie als Großeltern können die gesunde Entwicklung Ihres Enkelkindes jetzt insofern unterstützen, als Sie sein Verhalten regelmäßig und wann immer Sie die Gelegenheit dazu haben genau beobachten und eventuelle Auffälligkeiten notieren. Diese können die Eltern dann bei der jeweils nächsten anstehenden medizinischen Untersuchung mit dem Kinderarzt besprechen.

Übertreiben Sie Ihre Beobachtungen und Ihre Sorge um das Wohl Ihres Enkelkindes aber bitte nicht. Wie gesagt: Die medizinische Versorgung und präzise Kontrolle der Entwicklung Ihres Enkelkindes ist normalerweise mehr als gesichert. Und wenn Ihr Enkelchen zum Ende des ersten Monats sein Köpfchen in Bauchlage noch nicht kurz anheben kann und sich diese Fähigkeit erst einige Wochen später zeigt oder wenn es nicht sofort auf jedes Ihrer Worte oder jede Ihrer Bewegungen mit einem Reflex reagiert, ist das noch lange kein Grund zur Beunruhigung. Immer mit der Ruhe! Sie wissen doch selbst, dass die Entwicklung von Kindern völlig unterschiedlich verlaufen kann. Kinder haben unterscheidliche Fähigkeiten und Begabungen. Ist der eine sportlicher, schreitet beim anderen die geistige Entwicklung schneller voran. Und vielleicht fällt der berühmte Groschen manchmal später. Fallen wird er aber!

Und denken Sie daran, dass sich nicht nur medizinische Untersuchungs- und Vorsorgemethoden seit der Zeit, als Sie selbst Ihre Kinder geboren und großgezogen haben, zum Teil grundlegend verändert haben, sondern sich auch in der Erziehung von Kindern neue Erkenntnisse ergeben haben. Ein typisches Beispiel: Manche Großeltern schütteln den Kopf, wenn junge Mütter nachts auf jedes Quäken des Säuglings reagieren und sofort aufstehen, um nach dem Rechten zu sehen und zu stillen bzw. das Fläschchen zu reichen, auch wenn sie doch erst vor Kurzem gefüttert hatten. Ebenso verstehen sie es manchmal nicht, wenn das Kleine immer sofort beruhigt wird, und argumentieren, dass man es ruhig auch mal kräftig schreien lassen solle. Das habe dem eigenen Kind auch nicht geschadet und kräftige überdies die Lungen … Na schön, vielleicht mögen Sie ja recht haben, keine Frage – bedenken Sie jedoch immer, dass Sie es, besonders beim ersten Kind, mit noch jungen und unerfahrenen Eltern zu tun haben, die ihre eigenen Vorstellungen realisieren wollen und, Pardon, nicht immer auf den klugen Rat der Großeltern gewartet haben.

Was Sie jedoch unbedingt berücksichtigen müssen, ist die Sache mit dem Wickeltisch. Ein verflixtes Ding! Sie kennen dieses Möbel, das heutzutage in kaum einem Haushalt einer jungen Familie fehlt: eine Kommode mit einer Unterlage aus Kunststoff, Vlies oder dickem Stoff, auf das das Baby beim Wickeln gelegt wird, um es den Erwachsenen bequem zu machen, die so in Hüfthöhe die kräftig duftenden alten gegen neue Windeln austauschen können. Wickeltische gibt es überdies auch für die Badewanne, auf deren Rändern die Füße des Tisches eingeklemmt und befestigt werden.

Für Erwachsene ist diese Vorrichtung gewiss hervorragend, sie müssen sich nicht allzu weit hinunterbeugen, sie schont die Wirbelsäule und überzeugt gerade junge Mütter, deren Rückenmuskulatur und Knochengerüst während der Schwangerschaft mitunter sehr strapaziert wurden. Für Babys allerdings kann ein Wickeltisch bisweilen lebensgefährlich sein. Warum? Weil sie sich plötzlich um die eigene Körperachse drehen, häufig ganz unvermutet von einem Tag zum anderen – vorher konnten sie es noch nicht und lagen beim Windelwechsel stets brav auf dem Rücken und patschten lediglich mit den Händchen –, und mit einem Mal drehen sie sich auf den Bauch, entgleiten dem Erwachsenen, der zu allem Überfluss die Hände gerade auch noch mit Babyöl eingeölt hat, und stürzen auf den Boden. Kopfüber, mit dem schwersten Körperteil vorneweg. Das Ergebnis kann eine böse Kopfverletzung sein, beispielsweise ein Schädelbruch. Das muss nicht immer passieren, geschieht aber doch so oft, dass es Unfallärzte gibt, die Wickeltische regelrecht verfluchen. Christine, eine junge Mutter, deren Sohn Claudius im Alter von einem Jahr vom Wickeltisch über der Badewanne stürzte und einen Schädelanbruch erlitt, weiß, wovon sie spricht: »Seitdem habe ich nur noch auf dem Bett gewickelt. Auch bei den nachfolgenden Kindern habe ich den Wickeltisch nie mehr benutzt.«

Was Sie als Großmutter und Großvater im ersten Lebensjahr Ihres Enkels mit Gewissheit fasziniert, ist die Geschwindigkeit, mit der seine Entwicklung voranschreitet. Während seines ersten Lebensjahrs verdoppelt sich seine Körperlänge beinahe, und das Gewicht verdreifacht sich! Und scheint ein Säugling kurz nach seiner Geburt ein in sich gekehrtes Lebewesen zu sein, dessen Interaktion mit der Umwelt sich auf ein Minimum beschränkt, erweitert das kleine Wesen von Monat zu Monat seinen Aktionsradius. Schon mit dem dritten oder vierten Lebensmonat ist Ihr Enkelkind in der Lage, Bewegungen in seiner Umgebung mit Blicken zu verfolgen, und wenn es etwa ein halbes Jahr alt ist, reagiert es verstärkt auf akustische Reize. Wenn Sie zum Beispiel mit einer Rassel Töne erzeugen oder die Tasten eines Glockenspiels zur Vibration bringen, reagiert Ihr Enkelkind mit einem suchenden Blick: »Wo mag das Geräusch wohl herkommen?« Ganz klar, dass es Ihre Stimme längst schon erkennt und immer bestrebt ist, mit den Augen Ihren jeweiligen Standort festzustellen. Es ist schön, diese Entwicklung mitzuerleben – auch, wenn sie viel schneller vonstattengeht, als es Ihnen wahrscheinlich lieb ist.

DAS ZWEITE LEBENSJAHR: Auch Paulchen lernt laufen

Kein Kind ist wie das andere. Das wissen Großeltern am besten. Sie entwickeln sich in unterschiedlichem Tempo, und was die kleine Luzi mit einem Jahr schon kann, muss Paulchen, ohne krank oder zurückgeblieben zu sein, noch lange nicht können. Als Beispiel kann in diesem Zusammenhang die Fähigkeit zu laufen genannt werden: Während Luzi sich schon an ihrem ersten Geburtstag am Tischbein hochzog oder sich mit ihren Händchen an der Wand in die Senkrechte stemmte, genoss Paulchen bis zum stolzen Alter von einem Jahr und sieben Monaten vor allem die Horizontale. Er krabbelte zwar eifrig und witschte mit dicken Knien über den Wohnzimmerboden, ein schepperndes Lachen im Hals und das schier unvermeidliche Sabberfähnchen im Mundwinkel, die ersten Schritte aber? Nö, keine Lust! Warum, wenn Papa und Mama, Oma und Opa ihn auch immer so schön hochnehmen und auf dem Arm spazieren tragen? Kein Bedarf!

Machen Sie sich nichts draus, Herr Großvater – wie immer und überall im Leben sind erstens die Mädels schneller und cleverer, früher dran mit allen Verrichtungen und meist auch intelligenter im Gebrauch der Möglichkeiten, die das Leben bereithält. Und zweitens kann aus Paulchen, auch wenn er Ihnen im Vergleich zu Luzi heute noch schrecklich träge und antriebslos erscheint, doch später ein Professor werden. Manchmal fällt der berühmte Groschen ja etwas später. Kurz vor dem zweiten Staatsexamen, oder so.

Falls Sie sich mit diesem Trost nicht begnügen wollen, gibt es natürlich viele Möglichkeiten, Ihr Enkelkind beim Laufenlernen zu unterstützen und zu fördern. Dabei kann eine Methode von größerem Erfolg gekrönt sein als die andere. Beim eineinhalbjährigen Paulchen zum Beispiel nützte es zunächst nicht viel, dass Oma und Opa sich im Abstand von einem Meter voneinander aufstellten und versuchten, den kleinen Mann von einem zum anderen marschieren zu lassen. »Von wegen«, dachte sich Paulchen wohl, »warum soll ich mich so anstrengen? Großmutter breitet zwar ihre Arme aus und lockt mich mit vielen schönen Worten. Ebenso gut kann ich aber auch zu ihr hinkrabbeln.« Gesagt, getan. Paulchen zeigte seinen Großeltern, bildlich gesprochen, immer wieder die lange Nase, gickste und gackerte, wenn er von einem in die Vertikale gebracht wurde – und ließ sich sekundenschnell wieder auf die Knie und den weichen Teppichboden plumpsen. Da halfen kein Stützen und kein Ziehen. Erst als Opa auf den Gedanken verfiel, den »gehfaulen« Enkel mit materiellen Vorzügen zu locken, kam der Durchbruch. Zunächst stellte Großvater Paulchens Lieblingsspielzeug, ein kleines leuchtend rotes Holzauto, demonstrativ auf einen Stuhl im Wohnzimmer. Schon kam der Kleine auf Knien angerutscht, setzte sich auf den gewindelten Po und zeigte mit dem Finger auf sein Eigentum: »Audo, Audo!« Dazu prustete er und blies die Backen mächtig auf. Opa aber feixte nur und schubste das feuerrote Auto bedächtig auf dem Rand des Stuhls hin und her. Dabei achtete er darauf, dass Paulchen den Gegenstand seiner Begierde stets gut im Blick hatte. Heute wissen es die Großeltern nicht mehr so genau, aber es dauerte nur ein oder zwei Tage, bis sich ihr Enkelchen ans Stuhlbein klammerte,

sich an der Sitzfläche hochzog und nach dem Auto griff: »Sieg! Das wäre doch gelacht, wenn ich nicht an mein Eigentum käme!«

Nach diesem entscheidenden Schritt, der Paulchen zum ersten Mal in seinem Leben größeren Überblick verschaffte, hatte Großvater Lektion zwei parat. Dazu hielt er seinem Enkel ein in Geschenkpapier eingewickeltes Paketchen vor die Nase. Paulchen wusste zwar, dass hinter dem Glanzpapier sein Spielzeugauto verborgen war. Vom Geraschel und Geknister des Papiers wurde er aber derart neugierig, dass er ständig danach zu greifen versuchte. Nichts war doch spannender und amüsanter, als Gegenstände aus buntem Papier auszuwickeln – Autos, Kuscheltiere und kleine Gummibälle! Dummerweise gelang es ihm aber nicht, das kleine Paket in die Finger zu bekommen. Denn Opa und Oma, diese Spielverderber, hielten es jeweils in Hüfthöhe und reichten es langsam zwischen sich hin und her. Paulchen wurde wütend, doch alle »Ahhs« und »Ohhs« nützten nichts. Auch kein ungeduldiges Hin- und Hergerutsche auf dem Hosenboden, kein Strecken und Recken. Als er bald darauf jedoch einen ersten und noch bedenklich wackeligen Schritt von Oma zu Opa wagte, zu dem das Paketchen gerade gewandert war, und er mit vielen lobenden und begeisterten Worten auch das Objekt seiner Begierde in die Fingerchen bekam, hatte sich flugs der Lernerfolg eingestellt: »Wenn ich mir ein bisschen Mühe gebe, dann kriege ich dieses wunderschöne Paket, und ich kann mein Spielzeug auswickeln.« Klar, »Männer« und Autos. Von früh an tun sie offenbar alles dafür …!

Zum Ende seines zweiten Lebensjahrs übrigens hätte Paulchen, wäre er sich dessen bewusst gewesen, über derartige Lernerfolge nur müde lächeln können. Jetzt konnte er nicht nur auf einen Gegenstand deuten, den er haben wollte, sondern bereits »Haben!« fordern. Das Vorwärtsgehen – ach Gott, war das noch vor Kurzem schwierig! – klappte mindestens über eine Strecke von fünf Metern, ohne hinzufallen, so vorzüglich, dass er auch schon Treppen bewältigte (dazu zog er sich am Geländer hoch) und sogar das Rückwärtsgehen trainierte. Und er kletterte jetzt ständig auf den Wohnzimmerstuhl, auf dem der feixende Großvater noch vor wenigen Monaten das feuerrote Holzauto hin- und hergeschubst hatte, um Paulchen dazu zu animieren, sich an ihm hochzuziehen!

DAS DRITTE LEBENSJAHR: Ein Zwerg erkennt sich selbst

Selbstverständlich macht es große Freude, sein Enkelkind schon unmittelbar nach der Geburt oder auch im ersten und zweiten Lebensjahr gelegentlich zu beaufsichtigen. Das dritte Lebensjahr jedoch gilt als ein besonderes Jahr in der durchschnittlichen Entwicklung eines Kindes. Denn jetzt beginnt es ganz konsequent und zugleich unmerklich, eine immer intensivere Beziehung zur Außenwelt aufzubauen – und auch seine eigenen Reaktionen werden offensichtlicher und sind deutlicher zu interpretieren. Eine unheimlich schöne Zeit!

Das Wichtigste in diesem Lebensjahr ist die Entwicklung des Selbst-bewusst-Seins! Ja, es vollzieht sich nichts weniger als die eigentliche »Menschwerdung«, die Heranreifung dessen, was Menschen von allen anderen Lebewesen unterscheidet. Wie bei allen kleinen Kindern, begann dies auch bei Paulchen zögernd und allmählich. Ungefähr zur Mitte seines dritten Lebensjahres entdeckten seine Großeltern plötzlich, dass Paulchen von sich in der dritten Person sprach: »Paul sieht Vogel«, hieß es da, oder: »Paul hört Auto.«

Auto? Na klar, was sonst! Aber im Ernst: Hatte das Enkelkind bis vor kurzem nur Zwei-Wort-Sätze gesprochen, wuchsen Wortschatz und Sprachintelligenz jetzt von Woche zu Woche, und Paulchen begann, sich selbst als Individuum zu erkennen. Die Großeltern beobachteten, dass er mit einem Mal nicht nur die Artikel »der«, »die« und »das« benutzte, sondern längere und ausdrucksstärkere Sätze bildete und einfache Anweisungen wie »Leg doch deinen Teddy heia!« ganz selbstverständlich befolgte. Selbstverständlich ist das alles jedoch nicht. Wenn ein Mensch das Wort »Wunder« nicht kennte und jemand versuchte, die Bedeutung dieses Wortes zu erklären, wäre der kindliche Entwicklungsschritt vom noch »unbewussten« kleinen Menschen, der zunächst lediglich von Instinkten und Bedürfnissen gelenkt wird und die komplexen Funktionen der Kommunikation noch nicht beherrscht, zu einem *sich seiner selbst bewussten Individuum* die richtige Beschreibung.

So folgt, meist nur wenige Monate, nachdem Ihr Enkelkind damit begonnen hat, von sich in der dritten Person zu sprechen, die Wandlung zum »ich«: Jetzt heißt es immer häufiger: »*Ich* will, *ich* möchte, *ich* sehe …« Phantastisch!

Schön und zudem erleichternd ist es auch, dass Ihr Enkelkind jetzt schon alleine mit einem Löffel essen kann. Ja, jetzt können Sie Wände im Esszimmer endlich wieder streichen (lassen)! Das größte Risiko für Ihre unmittelbare Umgebung, spinatgrün, bananenquarkgelb oder tomatensuppenrot eingefärbt zu werden, dürfte nun vorüber sein. Und auch Ihre Geruchsnerven werden geschont, da Ihr Enkelkind – zumindest tagsüber – in den meisten Fällen trocken bleibt.

Und noch von einer weiteren Entdeckung weiß die Großmutter der kleinen Lilli zu berichten, die soeben drei Jahre alt geworden und bei Oma zu Besuch in München ist: »Lilli ist, bayerisch gesagt, eine richtige G'schaftlhuberin! Sie macht mir alles nach. Wenn ich den Tisch nach dem Essen abwische, fegt sie mit einem eigenen Lappen hinterher. Ich sehe ja drüber hinweg«, schmunzelt sie, »dass es oft genug ein Bodentuch ist, mit dem sie über den Tisch putzt. Aber sie nimmt es halt ganz wichtig – Kehrschaufel und Handbesen sind im Moment ihr wichtigstes Spielzeug. Und immer will sie mir bei der Hausarbeit helfen.« Dazu, erzählt Lillis Großmutter, bleibe kein Auge trocken, wenn die Kleine zu ihren Clownereien ansetze. Sie bringt Oma und Opa mit ihren Aktionen gerne zum Lachen und tut das unfreiwillig auch, wenn sie mit ihren Puppen und ihren Stofftieren spricht oder schimpft, die unbedingt zu den Großeltern mitgeschleift werden müssen. »Hin und weg« sind beide ohnehin, wenn Lilli Oma oder Opa ihre Zuneigung bezeugt, sie über den Arm oder die Haare streichelt oder zärtlich knufft und drückt.

DAS VIERTE LEBENSJAHR: Ein Sack Flöhe mit Hummeln im Hintern

Auch dieses Lebensjahr ist schön und interessant. Großeltern können so viel beobachten und sich an so vielen lustigen Aktionen und Reaktionen der Kleinen erfreuen. Aber Vorsicht! Sie haben jetzt häufig einen richtigen kleinen Wirbelwind zu beaufsichtigen, der kaum zu bändigen ist – zumal, wenn es sich um einen Jungen handelt. Was die körperliche Geschicklichkeit Ihres Enkels angeht, ist eine wahre Revolution im Gange. Damit aus ihr keine blutige Umstürzlerei wird, müssen Sie mitunter schon gehörig aufpassen. Den Begriff »Babysitten« können Sie ab jetzt jedenfalls getrost vergessen. Es geht eher darum, einen Sack Flöhe zu hüten.

Hummeln im Hintern hat jedenfalls auch Tobias, fast stolze vier Jahre alt und ein Lausbub, wie er in den Büchern von Wilhelm Busch zu finden ist. Nichts ist vor ihm sicher, und er räumt vor allem die Dinge für sein Leben gerne an einen anderen Ort, die Oma und Opa gerade brauchen: Flugs ist die Lesebrille weg, weil sie im Sonnenlicht, das durch das Fenster scheint, so schön glitzert, schnell wird ein Schuh unter den Schrank geschoben oder eine Tasse versteckt. Dazu tobt Tobi – nomen est omen! – vom ersten Moment des morgendlichen Aufstehens bis zur letzten Gähnattacke, die ihn mit weit aufgerissenem Mund zu Bett zwingt. Opa nennt ihn »ein Quecksilber, an das man eine Feuerzeugflamme hält«. So schnell geht es auf und ab und hin und her. Alles wird im schnellen Trab verrichtet, und der Hosenboden findet höchst selten Kontakt mit einem Stuhl oder dem Fußboden. Und zu allem Überfluss hat Tobi die Vorteile der Mobilität entdeckt: Er fährt, nein, er rast mit dem Dreirad um die Ecken, dass es nur so staubt. Und wenn die Fortbewegungsmethode auf drei Rädern langweilig zu werden droht, dann sattelt Tobi in fliegendem Wechsel auf sein Bobbycar um. Tja, dieses lustige Vehikel gab es zu Ihrer Zeit noch nicht und wahrscheinlich hatten Sie eher mit »Seifenkisten« zu tun! Es ist gut dreißig Zentimeter hoch und einen halben Meter lang, meist krachend rot und für gewöhnlich aus Plaste und Elaste – und deshalb schier unverwüstlich. Vor allem aber: Seine harten kleinen Kunststoffräder verursachen, besonders auf Stein- und Betonböden, einen Höllenlärm. Gerade den scheint Dreikäsehoch Tobi abgöttisch zu lieben, und deshalb macht nichts so viel Spaß wie die schnelle Abfahrt auf der Straße neben dem Haus der Eltern, das am Hang liegt. Oh Gott, was Opas Toupet in die Höhe treibt, bereitet Tobias das größte Vergnügen, und er ist kaum davon abzuhalten.

Dazu kommt, dass sich Tobis Feinmotorik erheblich entwickelt hat. Waren bisher viele große und kleine Kostbarkeiten der Großeltern quasi automatisch tabu für den kleinen Kerl, weil er noch nicht das Geschick besaß, verschiedene Behältnisse zu öffnen, ist das jetzt Geschichte. Da ist zum Beispiel die schöne Holzkiste auf der Küchenanrichte, deren Deckel mit zwei Klappverschlüssen versehen ist. Auch wenn sich Tobi bis vor Kurzem noch so sehr bemühte, sie aufzubekommen – Fehlanzeige, er konnte die beiden Verschlüsse nicht synchron öffnen. Mit einem Mal aber klappt das vorzüglich, und die in der Kiste enthaltenen Dinge stehen jetzt zur freien Verfügung. Bedauerlicherweise entdeckte Tobi darin nicht nur Kerzen verschiedener Größe, sondern auch Zündhölzer, Feuerzeuge und sogar die richtig schönen Kaminhölzer! Kein Wunder, dass seine Großeltern sofort ein anderes Versteck für diese Dinge suchten, nachdem sie ihr Enkelkind bei den ersten Zündel-Versuchen beobachteten. Doch nicht nur die Kerzenkiste, sondern auch Omas Schmuckschatulle mit kostbaren Preziosen sowie Opas Zirkelkasten mussten an einen neuen, kindersicheren Ort verbracht werden. Hatte die Schmuckschatulle Tobis Neugier rein zufällig unbeschadet überstanden, hatte Opas Zirkelkasten nicht so viel Glück gehabt: Das »Reißzeug«, das der Großvater noch aus seiner eigenen Schulzeit aufbewahrt hatte, war nur noch unvollständig. Opa fluchte leise, als er feststellen musste, dass sein alter Zirkel bloß noch auf einem Schenkel daherkam, das kleine Lineal böse Schrammen hatte und der Stechkreis verbogen war.

Zwerg Tobi, der nun seinen vierten Geburtstag feiert, sorgt jedoch für reichlich Entschädigung: »Opa, warum hast du eine Brille? Opa, warum kratzt du dich so oft am Kopf? Opa, warum ist der Tee so rot?« Und so weiter und so fort. Sie merken es schon: Die Warum-Fragerei hat begonnen! Jetzt haben Sie reichlich Gelegenheit, die Welt zu erklären –

und zuzuhören. Denn Ihr Enkelkind beginnt in diesem Alter, von eigenen Erlebnissen zu berichten. Und so werden Sie Zeuge von seiner Sicht auf die Welt, seinen Erlebnissen und Erfahrungen mit den Eltern, im Kindergarten oder mit Spielkameraden, die häufig genug erheitern und anrühren. Freuen dürfen Sie sich außerdem darüber, dass die Kleinen jetzt für gewöhnlich auch nachts trocken bleiben – und falls doch noch einmal etwas danebengehen sollte, dann schieben Sie es doch auf die zahllosen neuen Eindrücke und Erfahrungen, die kleine Menschen täglich machen!

DAS FÜNFTE LEBENSJAHR: Kleine Frau und kleiner Mann ganz groß

Nichts ist erheiternder, als eine Fünfjährige oder einen Fünfjährigen zu beobachten, die oder der in Sprache, Gestus und Verhalten an einen kleinen Erwachsenen erinnert. Das fünfte Lebensjahr Ihres Enkelkindes steht sprichwörtlich unter dem Motto, die Erwachsenenwelt zu *imitieren*: Alles, was Papa und Mama sowie Oma und Opa machen, scheint ganz besonders interessant und nachahmenswert zu sein: Lippenstift, Puder und Schminke werden ausprobiert, um neben dem eigenen Gesichtchen auch die Kleidung und das Bad zu »verschönern«. Fliesen, Kacheln und vor allem Spiegelflächen werden gerne ebenso verziert wie das eigene Äußere. Kleidungsstücke von Erwachsenen werden anprobiert und auf ihre Reißfestigkeit getestet, es wird schrecklich darüber gelacht und sie werden schließlich für zu groß und unhandlich befunden: Das kurze Top der Mama wird zum Abendkleid und Papas Sakko zum Mantel. Mamas High Heels dienen zum Über-die-Böden-Klackern, und die Miene, mit der Papa am Wochenende seinen Laptop öffnet, um sich auf die kommende Arbeitswoche vorzubereiten, wird perfekt nachgeäfft – nebst einem vernehmlichen und unwillig klingenden Ausatmen. Eventuell hören Sie sogar Originalkommentare wie: »Oh Gott, jetzt muss ich den Bericht an den Müller schreiben. Ob der das auch wirklich alles versteht?«

Ganz klar: In dieser Zeit sind die Kurzen ganz groß oder geben sich zumindest so.

Hinsichtlich seiner körperlichen, seelischen und geistigen Entwicklung hat Ihr Enkelkind in den ersten fünf Jahren seines Lebens, also in einer relativ kurzen Zeitspanne, einen evolutionären Prozess durchlaufen, der viele Millionen Jahre dauerte. Sie haben im Zeitraffer und sozusagen als Zaungast erlebt, wozu die Entwicklung des Menschen in der Erdgeschichte unendlich lange benötigte. Eine spannende und berührende Erfahrung!

Der Entwicklungsschritt vom vierten zum fünften Lebensjahr, der am meisten ins Auge fällt, hängt aber wohl mit der Ausprägung einer eigenen Persönlichkeit zusammen. Dazu gehört ganz wesentlich, dass Ihr Enkelkind nun auf sein Eigentum achtet. Die besitzanzeigenden Fürwörter »mein« und »dein« gewinnen große Bedeutung. Besonders im Spiel der Kinder miteinander können Sie dies beobachten: Wenn Ihre Enkelkinder bisher vielleicht noch recht zwanglos mit

ihren Spielsachen umgingen, einem Spielgefährten dies oder das ohne viel Aufhebens überließen, damit tauschten und handelten, kann sich das in relativ kurzer Zeit dramatisch verändern. Plötzlich fliegen die Fetzen, hemmungsloses Weinen folgt auf heftige cholerisch-hysterische Ausbrüche – nur, weil andere Kinder die eigenen Besitztümer berühren und mit einem bestimmten Kuscheltier im Arm oder beim Spielen mit der hölzernen Eisenbahn ertappt werden.

Damit zusammenhängend, aber auch darüber hinaus entwickelt sich der Wettbewerbsgeist Ihrer Enkelkinder. Als Großeltern können Sie genau beobachten, dass kleinere Kinder im Alter von etwa dreieinhalb oder vier Jahren ein noch vergleichsweise geringes Interesse für Spiele aufbringen, bei denen es um Sieg oder Niederlage geht. Meist sind zweite, dritte und vierte Sieger ebenso zufrieden wie die oder der Erste.

Lukas beispielsweise war es bisher schnurzpiepegal, ob er beim Memory-Spiel lediglich ein, zwei oder drei richtige Paare fand. Offensichtlich kam es ihm überhaupt nicht darauf an, als »Merker« oder »Supergehirn« von Oma und Opa bewundert zu werden. Enkeltochter Lisa hingegen wirkte nach der Verteilung der Karten, dem einmaligen Aufdecken und anschließenden Umdrehen wie die Denker-Skulptur persönlich: Sie legte die Stirne in Falten, den Kopf in die Hand, kniff die Augen zu und spitzte den Mund, als ob ihr Schicksal vom Griff nach der nächsten korrekten Karte abhinge. Natürlich gewann die Kleine fast immer, und Oma und Opa konnten sich über das bewundernswerte Gedächtnis ihrer Enkeltochter kaum genug begeistern. Und Lukas? Oh je, der lachte bis vor kurzem noch sein lückenhaftes prustendes Lachen und ließ den lieben Gott einen guten Mann sein. »Soll sie doch«, schien er selbstzufrieden und völlig mit sich und der Welt im Gleichgewicht zu philosophieren, »soll sie doch, mein Schwesterlein, wenn ihr Glück davon abhängt ...«

Durchschnittlich im fünften Lebensjahr ändert sich das jedoch, und der Wettbewerb um einen vorderen Platz spornt die kindliche Leistungsbereitschaft an. Jetzt sollten Sie als Großeltern darauf achten, dass jedes Enkelkind in Spielsituationen die Chance hat, sein Selbstbewusstsein zu erfahren und zu stärken. Mit anderen Worten: Erwachsene sollten bei Spielen, an denen sie beteiligt sind, für Ausgewogenheit und Chancengleichheit sorgen, so dass – je nach Alter und Leistungsvermögen – das eine Enkelkind nicht immer als Sieger und das andere nicht immer als Verlierer vom Platz geht. Manchmal mag es sogar erforderlich sein, unbemerkt einzugreifen und den Spielverlauf etwas zu lenken. Aber Vorsicht: Lassen Sie sich nicht bei Manipulationen erwischen!

ENKELKINDER IM SCHULALTER:
Vom sogenannten Ernst des Lebens

Oh je, der »Ernst des Lebens« fängt an! Wenn es auch in den allerwenigsten Fällen gleich mit dem ersten Schultag ernst zu werden beginnt, bedeutet die Einschulung von Kindern doch immer einen radikalen Einschnitt in das bisherige Lebensmuster. Plötzlich regiert eine fremde Institution in das Familienleben hinein und schreibt vor, wann man aufzustehen und zu Bett zu gehen hat, um am nächsten Tag gut erholt zu sein. Sie gibt vor, wie der Tag künftig aufzuteilen ist: Schule, Hausaufgaben machen, spielen. Ja, Ihr Enkelkind beginnt jetzt, in einen Rhythmus hineinzuwachsen, den Sie als Rentner oder Pensionär eventuell schon hinter sich gelassen haben. Die Freiheit, die Sie in diesem Fall wieder gewonnen haben und gewiss sehr schätzen – Sie können Ihren Tag ja ganz nach Ihren eigenen Bedürfnissen einteilen –, hat Ihr Enkelkind gerade verloren. Die Schule bestimmt den Zeitplan.

Gleichwohl ist das kein Grund, Trauergesänge anzustimmen. Im Gegenteil: Freuen Sie sich auf den ersten Schultag Ihres Enkelkindes und gestalten Sie ihn mit, wenn das möglich ist. Bestimmt macht es auch Ihnen ungeheuren Spaß, nach vielen Jahrzehnten noch einmal in die Schulsituation einzutauchen und hinter einer engen Klassenbank Platz zu nehmen, während sich der Herr Lehrer oder die Frau Lehrerin Kindern, Eltern und Großeltern vorstellt und die Schulräume und Lernmaterialien präsentiert. Flugs bilden sich Gruppen unter den Kindern, und während einer im Umgang mit seinen künftigen Klassenkameraden mit piepsiger Stimme schon ganz den Kommandostab schwingt, steht ein anderer, unsicher und ängstlich noch, abseits, zieht den Kopf zwischen die Schultern und starrt auf die Spitzen seiner Schuhe.

Wie dem auch sei, nicht wenige Großeltern freuen sich auf den ersten Schultag Ihrer Enkelkinder, bedauern ihn insgeheim zugleich aber auch. Denn jetzt hört das unbeschwerte In-den-Tag-hinein-Leben auf, das man, wenn die Kleinen zu Besuch waren, so herrlich miteinander genießen konnte.

Dabei kommt gerade jetzt eine große Aufgabe auf Sie zu, die Sie eventuell aber auch schon vor der Einschulung Ihres Enkelkindes in Angriff genommen haben: die Verkehrserziehung. Natürlich steht heute bereits in vielen Kindergärten die Sicherheit der Kinder im Straßenverkehr auf dem Programm, und die Kleinen werden möglichst früh mit den Gefahren bekannt gemacht, die auf dem Weg zur Schule und nach Hause lauern. Trotzdem sollte man sich als Erwachsener immer vergegenwärtigen, dass Kinder bis ins Schulalter hinein nicht über das Abstraktions- und Vorstellungsvermögen von Erwachsenen verfügen, sich mögliche Folgen eines

Fehlverhaltens auszumalen. Deshalb haben sie in vielen Situationen trotz aller Warnungen und theoretischer Erklärungen häufig einen Tunnelblick: Sie stehen beispielsweise an einer Kreuzung und warten ungeduldig, bis die Fußgängerampel von Rot auf Grün schaltet, entdecken dann plötzlich einen Schulkameraden oder eine andere bekannte Person auf der anderen Straßenseite – und rennen (trotz gelernter Regeln) einfach los, wie in einem Tunnel, ausschließlich ihr Ziel vor Augen.

Merkreime wie *»Der Ampelmann,*
der zeigt uns, was er kann.
Der Rote steht,
und nur der Grüne geht«…

sind in diesem Augenblick vergessen. Dagegen hilft nur ständiges Training und sich intensiv mit den möglichen Gefahrenstellen auf dem Schulweg zu befassen.

Hier können Sie die Eltern Ihres Enkelkindes, die häufig wenig Zeit dafür finden, sowie Schule und Polizei unterstützen: Prüfen Sie den jeweiligen Schul- und den Nachhauseweg genau und überlegen Sie, welche Vorsichtsmaßnahmen zu ergreifen sind:

1. Lassen Sie sich, wenn Sie den Weg noch nicht kennen, die Route zur Schule und zurück nach Hause zeigen.
2. Prüfen Sie, ob es eventuell andere Wege gibt, die vielleicht länger, aber sicherer sind. Suchen Sie gegebenenfalls die Schule und/oder die Polizei auf und fragen Sie nach Schülerlotsen. Wo gibt es Lotsendienste und zu welchen Uhrzeiten werden diese angeboten?
3. Skizzieren Sie den Schulweg Ihres Enkelkindes, markieren Sie die wichtigsten Gefahrenpunkte wie Kreuzungen und verkehrsreiche Straßen und prüfen Sie Alternativen.

4. Gehen Sie mit dem Kind gemeinsam den Schulweg einige Male ab und trainieren Sie mit ihm wichtige Verhaltensregeln: richtiges Warten an Ampeln, richtiges Überqueren von Straßenübergängen wie Zebrastreifen, Blickkontakt mit abbiegenden Autofahrern etc.

Sehr wichtig kann Ihre Unterstützung auch dann werden, wenn Ihr Enkelkind mobil wird und mit einem Roller oder mit dem Fahrrad zur Schule fährt. Alle Grundschulen bieten heute zwar Unterrichtseinheiten zur Verkehrserziehung an, bei denen im Regelfall auch die Verkehrspolizei zugegen ist, die Sicherheit der Kinderfahrzeuge kontrolliert und Prüfplaketten verteilt. Trotzdem können Sie das auch von Anfang an zu Ihrer eigenen Aufgabe machen, um eventuell leichtsinniges Verhalten von vornherein zu verhindern. So werden heute beispielsweise Kinder-Mountainbikes ohne Dynamo oder batteriebetriebene Lichtquellen (Front- und Rückleuchte) angeboten, die ein höchst riskantes Vergnügen sind. Denn besonders in der dunklen Jahreszeit, die bald nach dem Beginn eines neuen Schuljahrs Ende August oder Anfang September einsetzt, ist die ausreichende Beleuchtung des Kinderfahrrads unabdingbar! Deshalb sollten Sie unbedingt überprüfen, ob Lampen und Leuchten sowie Reflektoren an den Rädern und am Rahmen der Fahrräder vorhanden sind und auch einwandfrei funktionieren. Ebenso wichtig ist es, auf die Stabilität des Rahmens und die Lauffreiheit der Räder zu achten.

Kannste was, haste was, biste was …

»Was soll sich schon ändern? Man soll sich heutzutage doch nicht so haben mit der Schule, ein bisschen Disziplin hat uns doch auch nicht geschadet …« So oder ähnlich mögen Sie vielleicht denken.

Im Prinzip haben Sie ja recht: »Kannste was, haste was, biste was« heißt es berlinerisch, und auch Ihr Enkelkind macht da (wahrscheinlich) keine Ausnahme. Wenn wir schon bei »heutzutage« sind, gibt es jedoch einen kleinen Unterschied zu früheren Zeiten: Zu Ihrer Schulzeit war die europäische Idee sicher noch ein Konzept in den Köpfen einiger weniger politischer Strategen, und nicht mehr – geschweige denn, dass jemand von einer globalisierten Welt sprach, in der die Volkswirtschaften und Nationen so eng wie heute miteinander vernetzt und verflochten sind. Diese Welt, die buchstäblich immer kleiner wird, bringt eine Intensivierung des Wettbewerbs mit sich: um die besten Schulen, die besten Abschlüsse, die renommiertesten Universitäten und die besten Jobs – um die besten Zukunftsaussichten eben. Es gibt heute kaum einen Schüler, der nicht auch interdisziplinär unterrichtet wird, an Gruppenübungen und Tutorien teilnimmt, und kaum einen Studierenden, der nicht mindestens ein Semester an einer ausländischen Universität nachweisen kann. Die Diskussion über die Hauptschule, die in manchen Bundesländern bereits abgeschafft ist, weil sie Kindern kaum noch Chancen auf eine Ausbildungsstelle mitgeben kann, ist in vollem Gange.

Das unterscheidet das heutige deutsche Bildungssystem von früheren Zeiten: Durchschnittlich gute Noten und ein akzeptabler Schulabschluss sind beileibe keine Garantie mehr für eine gute Position und ein lebenslanges gutes Auskommen. Unsere Kleinen bekommen dies früh genug zu spüren.

Nachhilfe oder Lebenshilfe?

Da die Schule eine immer wichtigere Rolle im Familienleben einnimmt, spielen die Noten der Kinder von früh an eine große Rolle. Eine Fünf in Mathe oder Englisch wird schnell zu einer Katastrophe, die die Atmosphäre zu Hause sehr belasten kann. Häufige schlechte Leistungen in der Schule schlagen sich deshalb langfristig auf die Stimmung in der Familie nieder.

Was können Sie tun, wenn Sie spüren oder gesagt bekommen, dass die schulischen Leistungen Ihrer Enkelkinder regelmäßig für Stress sorgen? Wahrscheinlich sollte man an dieser Stelle zwischen zwei grundsätzlichen Gegebenheiten unterscheiden:

1. Sie sehen Ihre Enkelkinder nur sporadisch und haben sich noch nie mit deren Schulaufgaben befasst, oder
2. Sie sind sehr stark in das Familienleben integriert, betreuen Ihre Enkel regelmäßig (oder sehr häufig) am Nachmittag nach der Schule und überwachen auch deren Hausaufgaben.

Im ersten Fall sollten Sie sich bewusst sein, dass Ihre eigene Einstellung zur Schule sowie Ihre Berichte über Erlebnisse aus der eigenen Schulzeit vorwiegend anekdotischen Charakter für Ihre Enkelkinder haben. Denn Sie sind nicht mehr Teil der Praxis: Jüngere Kinder fühlen, dass Ihr Wissen ihnen kaum helfen kann, und ältere denken vielleicht insgeheim: »Oma und Opa haben keine Ahnung!« Machen Sie sich deshalb am besten auch selbst nichts vor: Eventuell können Sie zwar mit Ihren mathematischen, naturwissenschaftlichen oder fremdsprachlichen Kenntnissen auch heute noch die eine oder andere Aufgabe lösen, über die Ihr Enkelkind verzweifelt brütet; da Sie aber nicht regelmäßig bei den Hausaufgaben dabei sind und nur gelegentlich in den Hausaufgabenalltag hineinschnuppern, sind Sie keine große und beständige Hilfe und können auch Entwicklungen kaum beurteilen, an deren Ende zum Beispiel schlechte Zensuren stehen. Deshalb sollten Sie in solch einer Situation Ihrem Enkelkind helfen, indem Sie es stark machen!

Denn der Leistungsdruck, den die Schule heute oftmals

erzeugt, und die Ernsthaftigkeit und der Nachdruck, mit dem Eltern von ihren Kindern fordern, diesem Druck standzuhalten und im Wettbewerb mit anderen zu bestehen, prägen das kindliche Seelenleben. Die Angst vor dem Versagen, die Angst, den Anforderungen nicht zu genügen, die andere doch spielend erfüllen, kann so groß werden, dass sie alles andere überschattet. Hier können Sie wertvolle Hilfe und Unterstützung leisten: Loben Sie Ihr Enkelkind bei verschiedenen Gelegenheiten, machen Sie deutlich, dass es beispielsweise die Wohnung ganz toll aufgeräumt oder in einem Regal in seinem Zimmer super Ordnung geschaffen hat. Verschaffen Sie Ihrem Enkelkind Selbstbewusstsein, wo und wann immer es geht, und bauen Sie es auf!

Darüber hinaus können Sie beispielsweise inmitten familiärer Auseinandersetzungen immer wieder darauf hinweisen, dass der Wert eines Kindes nicht nur an seinen Zensuren gemessen werden kann. Dies sollten Sie aber nur mit aller Vorsicht tun! Im Regelfall ist es wohl ratsam, sich in Diskussionen über schulische Leistungen so wenig wie möglich einzumischen. Wie gesagt, Sie können, wenn Sie Ihr Enkelkind nur sporadisch sehen, ja so gut wie nicht beurteilen, wie es zu den schlechten Leistungen gekommen ist. Sie wissen auch beim besten Willen nicht, ob es sich seit einiger Zeit vielleicht nicht etwas hängen lässt und faulenzt oder ob es im Moment einfach nicht fähig ist, bessere Ergebnisse zu erzielen, weil eventuell ein schlechtes Verhältnis zum Lehrer die Leistungsfreude blockiert. Dennoch können Sie bei Zwist und Streit in der Familie die Eltern immer wieder ermuntern, nicht nur die möglicherweise schlechten Zensuren ihres Kindes zu sehen, sondern vielleicht sogar Verständ-

nis für seine schulische Entwicklung zu haben und ihr Kind als ganzen Menschen – und nicht nur als Leistungsträger – anzunehmen. Aber viel mehr können Sie auch nicht tun, wenn Sie nicht selbst mitten im Geschehen sind und wissen, was Sache ist.

Deshalb sollten Sie auch nicht immer nach der Schule fragen, wenn Sie Ihr Enkelkind sehen. Welche Antworten erwarten Sie? Bestenfalls ein: »Na ja, das läuft schon so …« Danke der Nachfrage, nächste Frage! Und seien Sie auch nicht überrascht oder pikiert, wenn sich Ihre Enkel nach allen Regeln der Kunst über ihre Lehrer verbreiten und kein gutes Haar an ihnen lassen. Einwendungen Ihrerseits sind völlig fehl am Platz: Erstens kennen Sie die Herrschaften ja nicht und können nicht beurteilen, ob die Kinder nicht wirklich schlechten Pädagogen ausgeliefert sind, zweitens gehört es zum Erwachsenwerden dazu, sich an Vorschriften und Anweisungen zu reiben und sich mit den Mächtigen und Herrschenden auseinanderzusetzen – und für Schulkinder sind das nun mal die Lehrer. Es mag sein, dass Sie angesichts der schieren Wortgewalt Ihrer Enkel mitunter erschrecken und sich vorstellen, wie Lehrer Meier oder Müller zu Ihrer eigenen Schulzeit wohl reagiert hätte, wenn er so etwas gehört hätte … Aber noch einmal: Diese Zeit ist längst Vergangenheit!

Wenn Sie also relativ wenig mit der Schulkarriere Ihrer Enkelkinder zu tun haben, dann versuchen Sie, möglichst neutral mit dem Thema umzugehen und sich herauszuhalten. Lassen Sie sich dann aber auch nicht als nie versiegende Geldquelle missbrauchen. Tom zum Beispiel versteht sich ganz hervorragend darauf, seinen Großvater als Bankier zu instrumentalisieren, wenn der alle paar Wochen zu Besuch kommt. Immer, wenn der Sechstklässler eine akzeptable Note mit nach Hause bringt, glänzen schon die Dollarzeichen in seinen Augen, und Opa Georg wird bei seinem nächsten Besuch wieder zum »Blechen« aufgefordert. Das

Ritual läuft folgendermaßen ab: Tom präsentiert eine Zwei in Mathematik oder Erdkunde, Opa öffnet den Geldbeutel und legt eine silberne Münze auf den Tisch. Das ist schön und praktisch, und mit der Zeit kommt so ein kleines Vermögen zusammen. Sie sollten jedoch, wie Opa Georg auch, die Vergütung vorzeigbarer Schulzensuren beizeiten ein wenig reduzieren. Denn als Tom damit begann, sich sogar Noten für mündliche Prüfungen oder für gute sportliche Leistungen honorieren zu lassen, da war es selbst Opa Georg zu viel. Er fragte sich, ob sein früherer Chef ihm im Job ebenfalls jeden gelungenen Handgriff oder jede gute Idee versilbert hatte. Soweit er sich erinnern konnte, war dies nicht der Fall gewesen. Fortan amüsierte sich der Großvater zwar über die Geschäftstüchtigkeit seines Enkels, der Geldstrom floss jedoch nicht mehr mit solcher Beständigkeit wie noch in früheren Zeiten. Auch die Kleinen müssen ja lernen, dass sich Leistung zwar lohnen, aber auch alles in einem vernünftigen Rahmen bleiben sollte.

Ganz anders verhält es sich mit dem Thema Schule, wenn Sie zeitlich intensiv in das Leben der Familie eingebunden sind, eventuell sogar im Haushalt leben, und Ihre Enkelkinder bei den Hausaufgaben am Nachmittag betreuen. Dann übernehmen Sie, ob Sie es wollen oder nicht, wie die Eltern Ihrer Enkelkinder auch erzieherische Aufgaben. In diesem Fall kann es nach Absprache mit den Eltern sinnvoll sein, an Elternsprechtagen in der Schule oder an Lehrersprechstunden in einzelnen Fächern teilzunehmen. Sie wollen ja effektiv helfen und für Lernfortschritte Ihrer Enkelkinder sorgen. Vielleicht übernehmen Sie diese Rolle auch, weil die Eltern Ihrer Enkel in ihrem Beruf stark eingespannt sind und einfach keine Zeit dafür finden, die Kinder zu unterstützen und zu kontrollieren. Wie dem auch sei: Ihre Rolle ist in diesem Fall eine ganz andere als die des Besuch-Opas und der Besuch-Oma. Dazu einige Tipps und Ratschläge:

› Gehen Sie bitte nicht davon aus, dass Sie das bisschen Mathematik oder die paar Grammatikregeln in Französisch schon noch beherrschen und immer noch wissen, wie es geht. Nein, der Lehrstoff hat sich, besonders an weiterführenden Schulen, sehr verdichtet, und auch die Art des Lernens ist eine andere geworden. Heute wird weniger Wert auf schieres Auswendiglernen gelegt, sondern mehr auf die Transferleistung des Erlernten. Machen Sie sich damit vertraut und verunsichern Sie Ihre Enkel nicht mit Lernmethoden, die diesen heute in der Schule nicht mehr begegnen. Für Sie selbst mag es eine große Genugtuung sein, auch heute noch Verse aus den Werken deutscher Dichter auswendig zitieren zu können – für Ihre Enkelkinder ist es das in der Regel nicht.

› Schulbücher, besonders in Mathematik und den Naturwissenschaften Physik und Chemie, aber auch in manchen Sprachen wie Latein und Französisch weisen häufig didaktische Defizite auf. Sie sind zwar prall mit Stoff und Lernzielen gefüllt, dabei aber mitunter nach dem Motto »Vogel, friss oder stirb!« strukturiert. Selbstverständlich haben Sie als Großeltern darauf wenig Einfluss, und es kann natürlich nicht Ihre Aufgabe sein, daran etwas zu ändern und gegenüber Ihren Enkelkindern wieder in die Elternrolle zu schlüpfen. Falls Sie aber sehen, dass Ihre Enkelkinder mit den in einem Schulbuch gestellten Aufgaben überhaupt nicht zurechtkommen und schon an der Sprache oder dem Aufbau des Buches scheitern, könnten Sie den Eltern Ihrer Enkelkinder vorschlagen, nach »programmierten« Lehrbüchern zu suchen. Diese Unterrichtswerke gibt es für jedes Fach und für jede Jahrgangsstufe. Ihr großer Vorteil gegenüber klassischen Schulbüchern liegt darin, dass der jeweils nächste Schritt methodisch auf dem vorhergehenden aufbaut (deshalb »programmiert«) und das richtige Verständnis jedes Lernschrittes durch gut ausgewählte Einzelaufgaben abgeprüft wird. Die richtigen Lösungen für die Aufgaben befinden sich im hinteren Teil des Buches oder in einem eigenen und herausnehmbaren Lösungsteil. Natürlich existieren auch in der Qualität dieser programmierten Lehrbücher durchaus Unterschiede, im Großen und Ganzen aber sind sie nach neuesten didaktischen Erkenntnissen aufgebaut und orientieren sich vor allem in ihrer Ansprache an der Erfahrungswelt der Lernenden (der Kinder) – und nicht der Lehrenden!

Doch wann sollten Sie solche Lehrbücher vorschlagen? Dies kann angebracht sein, wenn Sie Ihr Enkelkind bei den Hausaufgaben seufzen hören: »Ich weiß überhaupt nicht, was die von mir wollen und was ich tun soll …« Es liegt doch auf der Hand: Wer in einem Schulbuch die Aufgabenstellung nicht klar und deutlich formuliert, darf auch keine richtige Antwort erwarten. *Das* jedenfalls hat sich im Vergleich zu Ihrer eigenen Schulzeit nicht geändert.

› Normalerweise helfen Großeltern ihren Enkelkindern aus einer anderen Motivation heraus als die Kindseltern: Sie haben nicht den gleichen, mitunter starken Ehrgeiz von Vater und Mutter, und sie projizieren auch ihre eigenen Vorstellungen und Leistungserwartungen nicht in die Kinder. Bleiben Sie dabei! Strahlen Sie möglichst viel Ruhe und Zuversicht aus, bleiben Sie geduldig und vermeiden Sie bei schlechten Schulleistungen ähnlich harte Urteile, wie sie bisweilen von Eltern gefällt werden. Loben Sie viel, auch bei kleinen Fortschritten, und versuchen Sie, das Selbstbewusstsein Ihrer Enkelkinder zu stärken. Das festigt Ihre eigene Position und Autorität gegenüber Ihren Enkelkindern, und diese akzeptieren Sie dann gerne als hilfreiche Instanz, von der Unterstützung und Verständnis zu erwarten ist. Das sorgt für Kraft und Selbstvertrauen – und verbessert mittel- und langfristig die schulischen Leistungen.

› Spielen Sie das Notenniveau eines Enkelkinds niemals gegen die Leistungen eines anderen aus! Das, was der eine gut kann, muss der andere noch lange nicht ebenso gut können. Jeder Mensch ist ein eigener Kosmos mit bestimmten Fähigkeiten und Defiziten. Sprechen Sie also Ihre Anerkennung für die unterschiedlichen Fähigkeiten aus und betonen Sie nicht die Mängel. Ein durchschnittlich begabtes Kind erkennt diese schnell selbst und muss von geliebten Menschen nicht noch mit der Nase darauf gestoßen werden, dass sein Geschwister viel besser in Mathe oder Deutsch ist. Der Sinn für Wettbewerb ist gesund und notwendig – doch alles mit Maß und Ziel.

› Leider benötigen heute schon viele Kinder in den unteren Klassen schulische Nachhilfe. Nachhilfefirmen schießen wie Pilze aus dem Boden. Neben der durchschnittlichen Qualität des Unterrichtsmaterials und den vielen Unterrichtsausfällen scheint auch dies ein Zeugnis für den Zustand des deutschen Schulsystems zu sein. Offensichtlich sind viele Schulen nicht mehr in der Lage, ihren Schülern den Lernstoff in einer vertretbaren und vernünftigen Zeit beizubringen. Wenn deshalb Nachhilfeunterricht bei Ihren Enkelkindern erforderlich ist und Sie diesen bezahlen wollen, kann das eine große Hilfe für Ihre Enkelkinder und deren Eltern sein. Sprechen Sie eventuell einmal mit allen Beteiligten darüber!

Grufti Melanie ist in der Pubertät

Nicht nur, dass Melanie sich mit ihren knapp 13 Lebensjahren seit einiger Zeit die Augenbrauen zupft und mit einem Stift pechschwarz nachzieht, ebenso die Lippen und die Haare schwärzt und die Fingernägel – natürlich schwarz – lackiert, sie läuft auch noch in diesem fürchterlichen Aufzug durch die Gegend: schwarze Hosen, schwarze Shirts, manchmal sogar ein schwarzer und bodenlanger Mantel, der aussieht wie frisch lackiert. Wie ein Totengräber läuft sie rum in ihren Tretern, die aussehen wie Bauarbeiterstiefel. Wie aus der Mülltonne gezogen. Muss das denn sein?

»Nun ja, Mutter«, antwortet ihre Mama auf Omas höchst irritierte Nachfrage, »Melanie macht gerade ihre Gruftiphase durch.«

»Ihre was? Grufti?«

»Ja, Grufti, oder Gothic. So nennen sie sich selbst. Jugendliche halt, die in schwarzen Klamotten durch die Gegend ziehen und eine bestimmte Art von harter und bombastischer Rockmusik hören.«

»Mein Gott, Kind! Melanie ist gerade einmal 13! Was passiert denn da? Kann man das nicht verhindern?«

Nein, Frau Großmutter, wohl kaum. Es sei denn, Sie gehen davon aus, dass Sie einen startenden und aus allen Triebwerken röhrenden Airbus A320 mit telepathischen Kräften am Boden halten können. Nur dann dürften Sie ernsthaft annehmen, Auftritt und Geschmack Ihrer Enkeltochter beeinflussen zu können. Melanie nämlich ist in der Pubertät, mittendrin sozusagen, und da geschehen Dinge, die für Erwachsene in aller Regel schwer zu verstehen sind.

Von Rumpelstilzchen und kleinen »Terroristen«

Längst schon hat die Hirnanhangdrüse dafür gesorgt, dass die weiblichen Hormone, die Östrogene, Melanies Blutkreislauf überschwemmen und ihre Stimmungen zunehmend ins Ungleichgewicht bringen. Nicht nur ihre sekundären Geschlechtsmerkmale bilden sich heraus – die Großeltern stellen mit einiger Überraschung fest, dass Melanies Körper rasch femininer wird –, sondern auch ihr Verhalten verändert sich stark. Manchmal ist sie gar nicht wiederzuerkennen, und ihre Großmutter fragt sich, was da passiert. »Da sind doch hoffentlich keine Drogen im Spiel, oder?«, fragt sie die Eltern und ist konsterniert, wenn Melanie nur muffig und wortkarg auf sie reagiert. Dabei ist doch, bis zu einem gewissen Grad, alles schrecklich normal: Pubertierende Kinder kommen zumeist mit sich selbst nicht klar, sie wollen erwachsen sein und wie Erwachsene handeln, reagieren in vielen Fällen allerdings noch kindlich. Sie sind empfindlich, im höchsten Grade reizbar und launisch und haben ihren Gefühlsüberschwang sowohl im Guten als auch im Schlechten für gewöhnlich überhaupt nicht im Griff. Da genügt oft die berühmte Fliege an der Wand, und Melanie wird zu einem Rumpelstilzchen, das wütend durch sein Zimmer tanzt und mit Schulheften und Büchern um sich wirft. Kein Wunder, dass auch ihre Mutter manchmal ausrastet und »dieses süße Kindchen am liebsten ins Kinderheim abschieben würde …«

Das nützt nichts. Seien Sie sicher! Jetzt helfen nur drei Dinge: erstens Verständnis, zweitens Verständnis und drittens Verständnis. Das heißt nicht, dass sich der Rest der Familie alles gefallen lassen muss. Nein, auch in dieser Entwicklungsphase, die mitunter zwei oder drei Jahre (und manchmal sogar noch länger!) dauern kann, müssen selbstverständlich Grenzen aufgezeigt werden, wenn der Bogen gar zu sehr überspannt wird. Wichtig ist jedoch, zu verstehen, dass sich das Kind, als das Erwachsene Pubertierende noch ansehen, auf den Weg gemacht hat, ein Erwachsener zu werden. Da bleibt es einfach nicht aus, dass Melanie ihre Umwelt zunehmend kritischer betrachtet, Autoritäten wie Eltern, Lehrer oder ältere Geschwister, die sie als Kind fast selbstverständlich akzeptiert hat, hinterfragt und in Zweifel zieht.

Besonders Großeltern dürfen das nicht vergessen. Sie haben häufig eine andere und tiefe Form von Vertrauen zu ihren Enkelkindern aufgebaut, die dem Verhältnis der Kinder zu ihren Eltern bisweilen sogar überlegen ist. Der Vorteil der Großeltern: Sie wirken oft nicht so autoritär oder entschieden wie die Eltern, weil sie den Erziehungsauftrag nicht direkt ausüben. Sie spüren den Erfolgsdruck nicht so unmittelbar wie die Eltern der Kinder und agieren für gewöhnlich gelassener und ruhiger. In der Pubertät kann dies ein besonders großer Vorteil sein, da pubertierende Kinder zwar oft unnahbar, verschlossen und unsozial wirken, in Wirklichkeit aber – zugeben würden sie dies natürlich nur selten, weil es ihnen selbst nicht klar ist – Verständnis, Anteilnahme und Wärme suchen. Kurzum: Großeltern können in dieser Zeit wertvolle psychologische Hilfe leisten. Falls Sie die Nerven dazu haben ...

In einem besonderen Fall haben das auch Marga und Peter erlebt, deren Tochter Hannah seit langem geschieden ist und ihren Sohn Maximilian allein erzieht. Die Ehe ihrer Tochter wurde geschieden, als Mäxchen erst drei Jahre alt war, und Hannah unterband in der Folge jeden Kontakt zwischen Vater und Sohn. Obwohl Maximilian schon in seinen ersten Schuljahren gedrängt hatte, seinen Vater zu treffen, hatte Hannah dies verhindert. Als Maximilian in die Pubertät kam, gab es jedoch kein Halten mehr: Der Junge wollte und musste seine Wurzeln kennenlernen – auch gegen den Willen der Mutter. In dieser Situation spielten seine Großeltern eine entscheidende Rolle: Sie überzeugten zunächst ihre Tochter davon, dass es falsch wäre, dem Jungen weiterhin wichtige Informationen über seinen Vater vorzuenthalten (auch wenn sie selbst mit seinem Vater keinerlei Kontakt mehr haben wolle). Danach bereiteten sie Maximilian behutsam auf ein erstes Treffen mit seinem Erzeuger vor, zeigten ihm lange vergilbte Fotos und versuchten zu erklären, dass seine Mutter sehr enttäuscht von seinem Vater war. Eine schwierige und komplizierte, um nicht zu sagen fatale Situation, in der die Erwachsenen Maximilian gebracht hatten. Hätten aber die Großeltern nicht verstanden, wie machtvoll der durch die Pubertät beförderte

Trieb Maximilians war, sich selbst, seine Wurzeln und alles ihn Betreffende zu entdecken und kennenzulernen – sein Verhältnis zu Hannah, der er unter anderem verzeihen musste, ihm den Vater vorenthalten zu haben, wäre heute wahrscheinlich bei Weitem nicht so stabil.

Die Pubertät ist, auch in weniger schwierigen Fällen, immer eine Herausforderung. Ehemals liebe, höfliche und ruhige Kinder können zu kleinen »Terroristen« mutieren, ihre Umwelt drangsalieren und buchstäblich bei allem, was Erwachsene tun, ein Haar in der Suppe finden. Kein Stein bleibt auf dem anderen, und das Familienleben verändert sich nachhaltig. Nur Mut! Diese Phase geht vorüber, und wenn die zwischenmenschlichen Beziehungen auch strapaziert werden, ist die Verantwortung doch nicht bei den Kindern zu suchen, die mit einem Mal verrückt spielen. Es ist die physiologische und psychische Entwicklung, die diese Leiden verursacht: Aus Kindern werden Leute!

ERZIEHUNGSKOMPASS FÜR COOLE GROSSELTERN

Als Großeltern wissen Sie, dass das Leben aus Kompromissen besteht: Ihre Ehe oder Lebenspartnerschaft hätte nicht bis heute gehalten, wenn Sie stets kompromisslos auf die Wünsche oder Vorstellungen Ihres Partners reagiert hätten. Sie wollen in den Bergen Urlaub machen, der Partner lieber an der See? Egal, es geht wieder in die Berge! Na ja, drei- oder viermal hätten Sie eventuell gemeinsam Ihr heißes Mütchen auf den Gipfeln und Wipfeln der Bergwelt gekühlt, dann aber wäre Feierabend gewesen – und Ihr Gespons wäre in die Fluten gesprungen und hätte Sie wandern lassen, einsam und alleine. Ob im Berufsleben oder privat, im Verhältnis zu Kollegen oder Freunden, Lebenspartnern und Verwandten: Ohne die Bereitschaft, Kompromisse einzugehen, hätten sich die Menschen längst die Schädel eingeschlagen, würden noch auf Bäumen sitzen und sich mit Bananen bewerfen. Dies gilt natürlich auch im Verhältnis der Großeltern zu ihren Enkelkindern.

Lust und Last mit der Glotze

Erinnern Sie sich noch an die Geschichte mit dem Tunnelblick? Sie wissen schon, kleine Kinder, die auf der gegenüberliegenden Straßenseite einen Spielkameraden entdecken und, ohne links und rechts zu schauen, über die

Straße laufen ... Ja, Kinder haben oft einen Tunnelblick und sind total auf ihr jeweiliges Ziel konzentriert, ohne zu registrieren, was um sie herum vorgeht und welche Gefahren lauern. Diesen Tunnelblick können Sie häufig auch beobachten, wenn Ihre Enkelkinder fernsehen. Es ist so, als ginge ein Laserstrahl die Augen der Kinder ein und gäbe sie nicht mehr frei – ein geheimer Elektromagnetismus, der Augen, Ohren und Hirn auf eine unsichtbare Bahn zwingt, von der es kein Entrinnen gibt. So jedenfalls ist es bei der neunjährigen Sarah, die in geheime und andere unvorstellbare Welten entschwindet, sobald jemand – meist sie selbst – den On-Schalter des modernen Plasmabildschirms im Wohnzimmer der Eltern drückt. Jeder Versuch vonseiten der Erwachsenen ist hoffnungslos, sich zu vergewissern, dass die Kleine *lebt* und als Wesen von Fleisch und Blut vor dem flimmernden Rechteck an der Wand *atmet* und wie ein Mensch *reagiert*. Der Bildschirm saugt sie ein. Fast müssen die Eltern an sich halten, nicht nach ihren Füßen zu greifen, bevor sie ganz in der Wand verschwindet und eine geheime Macht sich Sarah einverleibt hat. Wie gerne würden sie diesen Störenfried, dieses Monster Fernseher, einfach wegbeamen. Ab in den Orbit damit, zu allem anderen Weltraumschrott, der lustig um die Erde kurvt ...

Keine Chance, Euer Ehren! Eine zahlenmäßig ziemlich kleine Schar von Medienleuten teilt ja schon den Tag von Erwachsenen hervorragend ein: Um sieben Uhr früh weckt sie das Frühstücksfernsehen und berichtet von Neuigkeiten aus aller Welt, um zehn Uhr lockt ein Spielfilm auf einem der zahlreichen Privatkanäle, um 13 Uhr wird Aktuelles auf einem Nachrichtensender konsumiert, um 14, 15 und 16 Uhr können sie sich bei all den nützlichen und amüsanten Talkshows erstaunt über Familieninterna unserer Nachbarn und das homosexuelle Outing irgendeines Politikers informieren, um 19 Uhr läutet »Heute« den Abend ein, 20 Uhr ist die heilige Zeit der »Tagesschau«, dann folgt der »Tatort« oder ein politisches Magazinformat, danach die »Tagesthemen«, und eine weitere Talkrunde mit Kerner, Beckmann, Will & Co. beschließt den ereignisreichen Fernsehtag. Schöne, neue Welt! Trotzdem lassen sich Erwachsene gerne berieseln, und viele – Hand aufs Herz – können sich einen Tag ohne Fernsehen gar nicht mehr vorstellen. Der Flimmerkasten gehört einfach dazu, und in manchem Wohnzimmer läuft er fast ohne Unterlass …

Es sollte deshalb selbstverständlich sein, dass Großeltern, deren Enkelkinder zu Besuch sind oder die im Haushalt der Familie leben, mit auf den Fernsehkonsum der Kleinen achten. Falls die Eltern eine kritische Einstellung gegenüber dem Flimmerkasten haben, der mit vielen Programmen rund um die Uhr läuft, sollten Sie als Großeltern diese Haltung unterstützen. Es gibt viele Hinweise darauf, dass hoher Fernsehkonsum die Konzentrationsfähigkeit von Kindern und ihre schulischen Leistungen beeinträchtigt, vor allem aber, dass er ihr Bild von der Welt in einem negativen Sinne prägen kann. Das sollte allen Erwachsenen, die Kinder beaufsichtigen, bewusst sein.

Andererseits ist es manchmal notwendig, mit allzu fernsehverwöhnten Enkelkindern vernünftige Kompromisse zu schließen. Dann können kindertaugliche und jeweils altersgemäße Sendungen – Spielfilme, Comics, Trickfilme oder gute Serien – als Belohnung eingesetzt werden, etwa nach dem Muster: »Wenn du deine Hausaufgaben vollständig erledigt hast, darfst du diese oder jene Sendung sehen …« Kinder ganz vom Fernsehen fernzuhalten wäre ebenso falsch wie, sie unbeaufsichtigt vor der Glotze zu parken – und zudem reichlich unrealistisch. Denn Freunde und Spielkameraden berichten von ihren Fernseheindrücken, und ein völlig fernsehfreies Kind fühlt sich leicht ausgegrenzt.

Zwei Erziehungsmaßnahmen sind jedoch besonders wichtig (wie aber viele Erfahrungen zeigen, offensichtlich nicht selbstverständlich):

› Zum einen sollten Sie auch dem hartnäckigsten Drängen eines Kindes nicht nachgeben, das unbedingt ein eigenes Fernsehgerät auf seinem Zimmer haben möchte. Natürlich gibt es Kinder, die durchaus verantwortlich mit dieser Freiheit umgehen, und selbstverständlich ist es auch eine Altersfrage. Im Allgemeinen jedoch übertragen Sie die Verantwortung für die Inhalte dieses Mediums auf Dritte, wenn Sie Ihrem Enkelkind ein eigenes Fernsehgerät schenken. Sie haben nur noch wenig Einfluss und kaum die Kontrolle darüber, was das Kind sieht.
› Zum anderen, auch dies sollte selbstverständlich sein, darf während der Hausaufgaben, bei einem Gespräch oder bei einem Spiel nicht das Fernsehgerät laufen. Nichts ist störender und wirkt fataler auf die Konzentrationsfähigkeit aller Beteiligten als die permanente Geräuschkulisse im Hintergrund. Nicht von ungefähr klagen immer mehr Menschen über die permanente akustische Berieselung, der alle heute beständig ausgesetzt sind – ob beim Einkaufsbummel durch die Fußgängerzone oder im Supermarkt. Das kann das Nervenkostüm manches Mal schon ganz schön strapazieren. Wie wohltuend wirkt da der große Ausschaltknopf zu Hause: Keine Rundfunkmoderationen im Stakkato, kein lautstark animiertes Talkshow-Publikum, das johlt und klatscht und stampft, keine überlauten Werbesendungen. Kinder sollten frühzeitig verstehen, dass der alte Grundsatz »Du kannst nicht zwei Herren zugleich dienen« seine Berechtigung hat. Beides kommt sonst zu kurz, beides wird nur noch oberflächlich erledigt.

Natürlich ist die Auswahl kindertauglicher Programme und Sendungen nicht einfach. Aber es hilft nichts: Sie müssen sich selbst ein Urteil über Sendungen bilden, bevor Sie sie Ihre Enkelkinder ansehen lassen. Unbedingt anzuraten ist außerdem, mit Kindern über das Gesehene zu sprechen, Fragen zu beantworten, eventuelle Irritationen aufzulösen und Unheimliches zu relativieren. Bedenken Sie: Die Bilder, die Ihre Enkelkinder im Fernsehen sehen und abspeichern, beginnen erst nach dem Fernsehkonsum so richtig im Kopf zu laufen. Da ist es gut, darüber zu sprechen.

Zum Fernsehprogramm gibt es aber noch eine andere, sehr gute Alternative. Nein, es ist nicht das gute, alte Märchen-Vorlesen gemeint, obwohl dies, besonders für die ganz Kleinen, ein herrliches Erlebnis ist, das jeden aufregenden und spannenden Film in der Glotze um Längen schlagen sollte. Nein, auch die Alternative liegt innerhalb der digitalen Welt: Legen Sie sich doch einen DVD-Rekorder zu und einige Filme, die dem Alter Ihrer Enkelkinder angemessen sind: Vom »Sandmännchen« und »Meister Eder und sein Pumuckl« über »Huibuh, das Schlossgespenst«, »Michel aus Lönneberga« und »Pippi Langstrumpf« bis hin zu »Asterix, der Gallier« können Sie heute (fast) alles erwerben. Ein guter Tipp für kleine und größere Zuschauer sind übrigens tschechische Märchenverfilmungen. Diese lassen der eigenen Phantasie der Kinder besonders großen Spielraum und werden häufig von ihnen nachgespielt.

Silver-Surfer und Computerkids

Die Arbeit mit dem Computer ist längst zu einer Kulturtechnik geworden. Wie Lesen und Schreiben gehört sie zum heutigen Umgang mit Information und Kommunikation: Wir erfahren Neues, lesen Interessantes, versenden und empfangen Nachrichten von Freunden, Bekannten und aus aller Welt, wir schreiben Texte, entwerfen, projektieren und konstruieren mit dem Computer. Das, was in den 40er-Jahren des vergangenen Jahrhunderts mit Konrad Zuse und seinen monströsen Riesenmaschinen begann, die noch ganze Fabrikhallen füllten, gehört heute zu unserer Alltagswelt: Der PC, der Personalcomputer, ist allgegenwärtig.

Dies gilt nicht nur für die »Jungen«, die ganz selbstverständlich mit ihrem Rechner umgehen, sondern auch für viele Ältere. Wenn man aktuellen Marktforschungen Glauben schenken mag, zum Beispiel der Allensbacher Werbeträgeranalyse (AWA) des Instituts für Demoskopie Allensbach, dann surft in Deutschland mittlerweile rund ein Drittel aller über 65-Jährige im weltweiten Netz. Und die sogenannten Silver-Surfer arbeiten mit Tastatur, Maus, Software und Monitor ebenso selbstverständlich wie ihre Kinder und Enkel.

Wenn der Computer lediglich als Arbeitswerkzeug diente, wäre die Faszination längst nicht so groß, die er auf Kinder ausübt. Der Computer ist aber auch ein Unterhaltungsgerät: Wir können damit spielen, Musik hören, Fotos und Filme sehen und uns nahezu in Echtzeit unterhalten – selbst wenn sich unser Gesprächspartner auf einem anderen Kontinent befindet. Das alles macht das beigefarbene Gehäuse mit einigen grünen Platinen in seinem Inneren zu einem höchst begehrten Gegenstand – auch für Ihre Enkelkinder.

Dies gilt besonders, wenn ein Personalcomputer mit einer Spielekonsole aufgerüstet wird, die für die Verwendung von vielen Geschicklichkeits-, Geschwindigkeits- und Abenteuerspielen erforderlich ist. Was diese Spiele so hochgradig faszinierend für Kinder macht, sind die Interaktionsmöglichkeiten, die sie bereithalten. Damit können die Spieler Situationen erleben, die beinahe so überraschend und aufregend sind wie im wirklichen Leben, beispielsweise im Spiel mit Altersgefährten. Mehr noch: Kinder können Flugzeuge und Raumschiffe steuern, als Piraten harmlose Handelsschiffe kapern, die verborgenen Schätze von Pharaonen in Pyramidengräbern entdecken oder als Autorennfahrer durch schwierige Kurvenkombinationen flitzen. Häufig lässt sich dabei auch die Dramaturgie der Spielsituationen verändern: Handlungsabläufe können umgeschrieben, die Aufgaben und Rollen von Personen neu definiert werden. Ein Kosmos von Möglichkeiten! Es gibt vorzügliche Spiele auf dem Markt, die die Feinmotorik von Kindern schulen oder ihre Kombinationsfähigkeit und ihre Phantasie. Es gibt aber natürlich auch Computersoftware, die auf den Index gehört, sogenannte Baller-Spiele, die in ihrer täuschend echt wirkenden Animationsgrafik schlichtweg brutal sind. Zum Teil wirken sie derart wirklichkeitsnah, dass Erwachsene empört fragen: »Wer macht denn so etwas?« Ja, wer? Der Markt!

Für Großeltern ist es ratsam, den Computer und all das, was Kinder mit ihm anstellen können, nicht etwa in Bausch und Bogen zu verdammen. Das wäre falsch und würde sie abseits stellen – abseits der Wirklichkeit und der kindlichen Bedürfnisse. Denn Kinder wollen teilnehmen am Geschehen und mitreden können, worüber sich andere unterhalten. Für das Thema Kinder, Internet und Computer gibt es jedoch einige wichtige Regeln:

1. Gänzlich unbeaufsichtigt sollten Ihre Enkelkinder niemals mit dem Computer umgehen dürfen. Hier gilt dasselbe wie für den Fernsehkonsum: Vertrauen ist gut, Kontrolle ist besser. Denn nicht das Medium an sich trägt die Schuld daran, dass Menschen die Kontrolle verlieren und nicht vernünftig damit umgehen können, sondern die Anwender selbst. Das gilt besonders für Kinder, die die Welt mit ihren Verlockungen und Risiken entdecken und die in ihrer jeweiligen Entwicklungsphase auf die Anleitung von Erwachsenen angewiesen sind, auf die Interpretation von Situationen und die Erklärung, was das denn jeweils bedeutet …

2. Ein Personalcomputer besteht nur aus Hardware – aus einem Gehäuse, Schaltplatinen und ihren Lötungen, aus Klemmen, Steckverbindungen, Buchsen, Verkabelungen und Schrauben. Was er tut, zeigt und dokumentiert und was wir mit ihm tun, hängt von der Software ab, mit der wir ihn füttern. Das sind die Programme, die wir auf CD und DVD kaufen und die wir aus dem Internet herunterla den. Erst damit beginnen die Bilder zu laufen. Deshalb sollten Sie auf die Programme achten, die Ihr Enkelkind etwa bei einem Besuch in seinem Rucksack mitbringt. Informieren Sie sich und sprechen Sie mit ihm und seinen Eltern darüber.

Welche Produkte für Kinder geeignet und empfehlenswert sind, darüber können Sie sich ausführlich im Internet informieren. Wählen Sie dazu die Suchmaschine »google« an und geben Sie die Wortkombination »Kinder + Computer« oder »Kids + Computer« ein. Auf den angebotenen Webseiten erwartet Sie eine Fülle an nützlichen und hilfreichen Informationen. Falls Sie selbst nicht über einen Computer mit Internetzugang verfügen, lassen Sie sich im Fachhandel beraten.

3. Besonders wichtig – und zugleich besonders schwierig – ist die Kontrolle Ihrer Enkelkinder in der beginnenden Pubertät. Hier lauern doch einige Gefahren, die mit dem englischen Wörtchen »Chat« zusammengefasst werden können. Ein Chat ist nichts anderes als eine Plauderei, norddeutsch könnten wir es mit »Schnack«, umgangsdeutsch mit »Ratsch« übersetzen. Im weltweiten Netz wird gechattet, dass die Elektronen vibrieren: Freund mit Freund, Freundin mit Freundin, Kollege mit Kollege ... Dazu ist aber weniger das E-Mail-System geeignet, die elektronische Post also. Denn hier wird zunächst ein Brief, eine Mail, gesendet und erst nach gewisser Zeit (je nachdem, wie schnell der Empfänger reagiert und seine Antwort zurückschickt) kommt ein Gruß zurück. Nein, dafür gibt es Chat-Portale und -Foren, mit deren Hilfe die Nutzer nahezu in Echtzeit Nachrichten senden und empfangen können. Um zusätzlich Zeit zu sparen, chatten gerade Jugendliche häufig in stenografisch anmutenden Wortkürzeln, die sich auch für die SMS-Kommunikation mit dem Handy eignen (SMS: Short Message Service). Das geht dann etwa so:

Sandra: »(-: ?«
Franzi: »:))«
Sandra: »Geht was mit Jungs :-) ?«
Franzi: »0:-)«
Sandra: «lol!lol!lol!lol!«
Franzi: «*gg*«
Und hier ist die Übersetzung für langatmige Großeltern:
Sandra: »Na, hast du gute Laune?«
Franzi: »Ja, mir geht's total gut!«
Sandra: »Geht was mit Jungs?« (Dazu signalisiert sie, dass sie lächelt).
Franzi: »Null! Bei mir doch nicht!« (Auch Franzi grinst ...)
Sandra: »Da lach' ich ja ... ha!ha!ha!ha!«
Franzi signalisiert ein noch breiteres Grinsen ...

Das alles mag lustig und unterhaltend für Jugendliche sein, wenn sie die Kosten dabei im Griff haben. Nicht so lustig ist allerdings, dass sich auf Chat-Foren und in den häufig von Heranwachsenden frequentierten Flirtlines offenbar immer wieder auch durchaus erwachsene Strolche tummeln, die nur eines im Sinn haben: die Kontaktanbahnung mit Jugendlichen. Leider passieren solche Fälle, und deshalb ist es von großer Bedeutung, mit Kindern ihrem Alter gemäß über diese Risiken zu sprechen und ihr Selbstbewusstsein zu stärken. Zunächst einmal ist diese Aufklärung selbstverständlich Aufgabe der Eltern. Es kann aber auch Ihre Aufgabe sein, wenn Sie viel Zeit mit Ihren Enkelkindern verbringen oder wenn Sie feststellen, dass die Eltern Ihrer Enkelkinder deren Kommunikationsgewohnheiten nicht ausreichend überwachen und kontrollieren.

4. Last but not least sollte Ihr Enkelkind niemals völlig freien Zugang zum Internet haben. Um dies zu regeln gibt es gute Möglichkeiten: Sie können über Ihren Provider (Ihren Telefon- und Netzanbieter) sowie über Ihren Browser (das Programm, mit dem Sie im Internet surfen können, zum Beispiel Internet Explorer oder Mozilla Firefox etc.) alle nicht kinder- und jugendfreien Seiten automatisch sperren lassen. Dann gelangen Ihre Enkelkinder nirgendwohin, wo Sie sie nicht sehen wollen. Darüber hinaus existieren im Internet und auch im Fachhandel gute Ratgeber und Broschüren, die über jeweils aktuelle und qualitativ hochwertige Angebote für kleine und jüngere Surfer informieren. Übrigens: Es finden sich mitunter ganz ausgezeichnete Lernprogramme und Hausaufgabenhilfen unter diesen Angeboten, die Kindern beispielsweise mit einer 3D-Software (3D: dreidimensional) virtuelle Rundgänge durch Gebäude, Fahrzeuge oder Maschinen gestatten. Außerdem, auch dies sei gesagt, gibt es mittlerweile ganz hervorragende Online-Spiele, die nicht nur unterhaltsam, sondern auch pädagogisch wertvoll sind und die Medienkompetenz Ihrer Enkelkinder entwickeln.

Vom Verwöhnen und Verhätscheln

Im Kapitel »Geschenke, Geschenke, Geschenke?« wurden die möglichen negativen Auswirkungen eines Zuviels an Präsenten schon beleuchtet. Seine Enkelkinder mit Paketen zuzuschütten ist – das sei mit aller gebotenen Deutlichkeit gesagt – ein Fehler, der Schaden anrichtet. (So viel zum moralischen Zeigefinger.

Was ist das – gutes Spielzeug?

Wenn Sie das Prinzip »Weniger ist mehr« befolgen wollen, dann geht es allerdings darum, qualitativ gutes und altersgemäßes Spielzeug zu schenken. Doch was ist das? Woran lässt sich gutes Spielzeug erkennen?

› Zunächst gilt die Grundregel: Je kleiner das Kind ist, desto größer müssen seine Spielzeuge sein, damit es nicht etwa das Spielzeug im Ganzen oder kleine und lose Teile verschluckt. Alles, was vom Spielzeug abgekoppelt werden kann oder sich leicht lösen lässt wie Knöpfe, Nieten, Klammern, Verschlüsse, Schrauben und vieles mehr muss zuvor entfernt werden. Prüfen Sie deshalb vor dem Kauf genau, ob auch von einem kompakt wirkenden Spielzeug eine eventuelle Gefährdung ausgehen kann. Lesen Sie dazu auch die Herstellerangaben, die normalerweise darauf hinweisen, wenn sich ein Spielzeug für Kinder unter drei Jahren nicht eignet.

› Gutes Spielzeug regt die Phantasie von Kindern an: Es bietet also nicht nur eine Funktion oder eine einzige Verwendung, sondern mehrere. Mit einem kleinen Stoffbärchen beispielsweise, dessen Spiralfeder im Körperinnern an einer Schraube am Rücken aufgezogen werden kann und der dann zwei oder drei kurze Sprünge macht, kann nur auf diese eine Weise gespielt werden. Ist die Feder einmal überzogen, verlieren Kinder schnell das Interesse, und das Bärchen landet ganz tief unten in der Spielzeugkiste. Ein einfacher Stoffbär hingegen, zumal von guter Verarbeitungsqualität (feste Naht) und möglichst lebensecht gestaltet, regt die Phantasie ungeheuer an: Er sitzt, steht oder liegt, wird geherzt oder fliegt durchs Zimmer, wird auf dem Boden geschleift oder mit ins Bettchen genommen, er wird gefüttert, liebkost oder geknufft. Kurzum: Dieser Bär ist ein Spielkamerad, der sich vorzüglich zum Rollenspiel eignet. Achten Sie auch bei diesen Spielzeugen darauf, dass sich nicht eventuell Kleinteile ablösen lassen.

› Alles ist gut, mit dem Kinder nach altersgemäßen Fähigkeiten bauen und konstruieren können. In erster Linie sind hier die guten alten Lego- bzw. (für kleinere Kinder) Duplo-Bausteine zu nennen. Sorgen Sie dafür, dass Ihre Enkelkinder davon genügend viele in verschiedenen Formen und Farben besitzen, und Sie werden sich wundern, welche Bauwerke und Konstruktionen Ihnen präsentiert werden: Häuser, Brücken, Autos, Schiffe und Flugzeuge. Richtig toll übrigens (da werden auch viele Opas wieder zu Kindern!) sind die Motoren von Lego und Duplo, die Seil- und Flaschenzüge oder Achsen und Hebelmechanismen antreiben und Spielanlagen mit zusätzlichem Leben erfüllen.

› Grundsätzlich sollten Sie auf einen guten Mix bei Ihren Geschenken achten. Nur hochwertiges und meist auch sündhaft teures Holzspielzeug zu schenken kann wie der berühmte Schuss nach hinten losgehen. Plötzlich heißt es: »Ach, von der Oma krieg ich doch eh nur wieder diese ollen Holzautos ...« Greifen Sie im Spielzeuggeschäft deshalb ruhig auch einmal nach Plastikspielzeug. Lastwagen und Bagger aus buntem Kunststoff etwa eignen sich in den Sommerferien zum Spielen am Strand viel besser und bleiben ansehnlicher und formtreuer, auch wenn sie kiloweise mit Steinen beladen oder einen Meter tief im Sand eingebuddelt werden. Achten Sie bei Plastikspielwaren jedoch auf die

Herstellerangaben! Denken Sie daran, dass blei- und schwermetallhaltige Lacke und Farben die Gesundheit von Kindern gefährden können, und greifen Sie daher am besten zu Produkten von Herstellern Ihres Vertrauens. Zuverlässige Informationen über Materialien und die Verarbeitungsqualität von Spielzeugen bieten überdies die Verbraucherzentralen der Bundesländer sowie die Stiftung Warentest, die auch auf die Beachtung von Prüfsiegeln verweist.

› Nicht alles, was beispielsweise vor Weihnachten beworben und empfohlen wird, ist gut und wertvoll. Die Werbung treibende Wirtschaft setzt alle Jahre wieder Millionenbeträge für die Bewerbung von ultimativ neuem Spielzeug ein: Ob es sich dabei um die neueste Barbiepuppe (samt Kosmetikkoffer, rosa Schühchen und Wechselgarderobe) handelt oder um einen neuen akkubetriebenen Formel-1-Flitzer – allen potenziellen Käufern wird suggeriert, ohne diese Spielzeuge falle das Fest der Feste ins Wasser und es drohe stundenlanges Heulen der Kiddies. Nonsens! Schon die Kleinen sollten lernen, dass man nicht alles haben kann und muss. Allerdings sollten auch Sie als Großeltern mit Ihren Enkelkindern darüber sprechen und ihnen erklären, warum nicht alle Wünsche wahr werden können und nicht alles gut ist, was modern daherkommt. Schaffen Sie das?

› Die Menschen sind verschieden, heißt es, und individuelle Unterschiede bilden sich auch bei Kindern schnell heraus. Deshalb kann Spielzeug, das Sie voller Überzeugung als gutes Spielzeug erwerben, manchmal auch völlig achtlos links liegen gelassen werden. Kinder sind eben keine Pädagogen und wissen erzieherischen Impetus nicht immer zu schätzen. Falls Ihr kleiner Enkelsohn also für Plastik-Cowboys und -Indianer »seinen rechten Arm hergeben« würde und Ihre Enkeltochter nichts lieber macht, als Porzellanpüppchen das falsche Haupthaar zu bürsten – dann lassen Sie beiden doch die Freude und bringen Sie die Augen Ihrer Enkelkinder so richtig zum Leuchten. Schaden tun diese Geschenke, die in diesem Fall ruhig auch als gutes Spielzeug durchgehen dürfen, ja weder Ihren Enkelkindern noch Ihnen. Und über Ästhetik und erzieherischen Anspruch lässt sich noch immer vortrefflich streiten.

› Sprichwörtlich gutes und in jedem Fall unbedenkliches Spielzeug sind Dinge, die Kindern Bewegung verschaffen: ein Fuß- oder Basketball etwa, ein Bobbycar, ein Gokart oder ein Fahrrad, eine Schaukel, ein Springseil oder eine Sportausrüstung. Das schafft Bewegung und befördert die Kleinen an die frische Luft!

› Meist kommen auch Spielzeuge ganz hervorragend an, die Ereignisse symbolisieren, die Ihre Enkelkinder erlebt haben oder die Lebenserfahrung allgemein spiegeln. Das können Sie schenken: Nach einem Urlaub auf dem Bauernhof eine lustige Spielfarm mit verschiedenen Tierfiguren, *vor* den Ferien am Meer eine tolle Strandausrüstung wie Plastikeimer, Schaufel und verschiedene Sandformen, oder Schwimmärmel und eine neue Badehose, *nach* den Ferien am Meer einen Stoffdelfin oder ein Spielzeugschiff; oder eine kleine Königskrone, wenn Ihrer Enkelin ein Märchenfilm gut gefällt, bei der es um eine Prinzessin geht. Hier sind Ihrer Beobachtungsgabe und Ihrer Phantasie kaum Grenzen gesetzt.

› Keine Frage: Auch Spielzeuge, die die Kreativität Ihrer Enkelkinder wecken und fördern, sind gut. Denken Sie an einen Kasten mit Wasser- oder Fingerfarben, an eine Kiste mit Plastilin zum Formen, an Holzmodelle, die zu Tieren, Autos oder Blumen zusammengebaut werden können, oder an die gute alte Laubsäge und einige dünne Sperrholzplatten ... Sobald Ihr Enkelkind älter geworden ist und Sie sich eventuell mit der Anschaffung des ersten Chemiebaukastens tragen, sollten Sie jedoch mit seinen Eltern sprechen. Ganz im Ernst: Sie wollen doch nicht, dass der kleine Max die Wohnzimmereinrichtung seiner Eltern pulverisiert ...

› Spielzeugwaffen? Oh je, eine gute, aber zugleich auch schwierige Frage. Gewiss sollten Kindern keine maßstabs- und naturgetreuen Nachbildungen von Panzern, Kampfflugzeugen, von Raketen und Geschützen unter den Weihnachtsbaum gelegt werden. Krieg ist scheußlich und brutal, und die Werkzeuge des Krieges sollten nicht faszinierender gemacht werden, als sie für allzu viele offensichtlich ohnehin schon sind. Andererseits, seien wir ehrlich: Auch wir selbst, zumal wenn wir zu den Jungs zählten, waren von Spielzeugwaffen häufig ungeheuer fasziniert. Und, auch wenn wir keine besaßen, bewaffneten wir uns mit einem guten Schnitzmesser, gingen in den Wald und schnitzten uns einen »Schießknüppel«.

Na ja, vielleicht finden Sie ja auch eine gute Alternative zu derartigen »Spielzeugen« ...

› Achten Sie beim Kauf von Spielzeugen immer auf ein gutes Preis-Leistungs-Verhältnis! Hersteller wissen, dass Erwachsene und im Besonderen Großeltern beim Kauf von Spielzeugen oftmals sehr großzügig sind. Dies gilt besonders vor Weihnachten: Hier werden nach den Angaben der beamteten deutschen Statistiker in Wiesbaden durchschnittlich rund 200 Euro je Kind ausgegeben. Lieber verzichten Großeltern auf Dinge für sich selbst als auf Geschenke für die Kleinen. Lassen Sie sich also nicht über den (Laden-) Tisch ziehen!

› Machen Sie sich letztlich überhaupt keine Gedanken über adäquates und dem jeweiligen Alter angemessenes Spielzeug, wenn Sie zu den Großeltern gehören, deren Enkelkinder regelmäßig oder sporadisch zu Besuch kommen. Der Tapetenwechsel ist meist aufregend genug, der für die Kinder mit einem Wochenende oder gar den Ferien bei Oma und Opa verbunden ist. Gespielt werden kann mit allem, was der Phantasie freien Lauf lässt: Es reichen eine Decke und einige Bambusstöcke – und schon wird im Garten ein

Wigwam gebaut; ein Hausschuh wird zum Mokassin, eine Amselfeder zum Häuptlingsschmuck und ein alter Kochtopf zum Kanu. Manchmal braucht es herzlich wenig, um »gut« zu spielen.

Erziehungsfehler …

Auch Großeltern können Fehler bei der Erziehung ihrer Enkelkinder machen. Selbstverständlich! Was die einen jedoch als Fehler bewerten, gilt bei anderen eventuell nur als entschiedene Maßnahme. Deshalb ist die Überschrift als Frage zu verstehen – Vorschriften bei der Erziehung will niemand machen. Urteilen Sie deshalb selbst!

»Als ich in deinem Alter war, habe ich schon …«

Opa Heinz will seinen kleinen Manuel jetzt bei der Ehre packen: »Hör mal, du kommst übernächsten September in die Schule. Bis dahin sind es nur noch eineinhalb Jahre, aber du kannst dir immer noch nicht selbst die Schuhe binden. Das gibt's doch nicht!« Manuel rollt die haselnussfarbenen Augen, macht einen Schmollmund und druckst: »Ja, Opa.« Dann schweigt er, schlägt die Augen nieder und betrachtet eingehend die abgenutzten Spitzen seiner Sportschuhe. Links und rechts davon baumeln die ehemals weißen Schuhbändchen aus den Ösen und liegen im Straßenschmutz. »Du weißt doch, was passieren kann, wenn man mit ungebundenen Schuhen durch die Gegend läuft? Man kann darüber stolpern und sich die Nase aufschlagen!« Manuel nickt heftig, rollt erneut mit den Augen und stochert mit dem Finger im Ohr. Sein Blick heftet sich wieder an die Schuhspitzen. »In deinem Alter konnte ich das schon. Längst schon«, raunzt Opa, bückt sich und knüpft Schleifen in die schmutzigen Bänder.

Gut, mag ja sein, Opa Heinz, dass der Enkel sich in mancher Hinsicht langsam entwickelt. Mit seinen knapp fünf Jahren spricht Manuel relativ wenig, und ab und zu findet Oma auch noch eine kleine nasse Stelle auf dem Bettlaken, nachdem Manuel aufgestanden ist. Aber: Perfekt die Schnürsenkel binden? Es gibt doch etliche Kinder, die erst kurz vor ihrer Einschulung über das dafür erforderliche Handgeschick verfügen. Dafür ist Manuel in anderen Disziplinen perfekt: zum Beispiel im Grimassenschneiden. Jeder Zirkusclown würde vor Neid erblassen.

»Du musst nicht immer die Beste sein ...«

Immer wenn Barbara zu Oma Linda kommt, und das ist oft am Wochenende der Fall, hat sie endlich Ruhe – Ruhe vor der ewigen Antreiberei und Drangsaliererei ihrer Mama. Endlich kann sie entspannen: fernsehen bis zum Abwinken, bis die Augen schmerzen und der Kopf brummt, gut essen und trinken (»Oma, krieg ich noch so einen leckeren Kakao?«) – und viel herumlümmeln auf der gemütlichen Couch.

»Was ist mit deinen Hausaufgaben?«, fragt Oma zwar schon manchmal zwischendurch und runzelt kurz die Stirn. Diese »Bildstörungen« allerdings gehen schnell wieder vorbei, und die nächste Fernsehshow mit all den interessanten Gästen steht schon auf dem Programm. Die pausbäckige Barbara mit den vielen bunten Klämmerchen im Haar, dem Piercing in der Nase und dem transparenten Nagellack mit Glitzersternchen muss nur kurz verächtlich mit den Mundwinkeln zucken, und schon gibt Oma klein bei: »Ja, ja, ich weiß schon, die Schule. Euch Kindern wird heute schon viel abverlangt. Aber du musst ja auch nicht immer und überall die Beste sein!«

Eben, Oma! Deshalb bin ich mit meinen 14 Lenzen ja auch schon so fertig und kaputt! Nie lassen sie einen in Ruhe, nie kann man mal nur das tun, was man gern möchte! Gar nichts nämlich. Nur ausgiebig schlafen und faulenzen.

Die Beste? Nun ja, Barbara kann sich vielleicht total gehen und den Herrgott einen guten Mann sein lassen. Aber sonst? Viel ist nicht mit ihr los, zurzeit, und da ist es doch gut, wenn wenigstens Oma Verständnis dafür hat. Oder? Dabei ist es eventuell ja doch gar nicht so gut, Barbara am Wochenende lediglich zu versorgen und zu beherbergen, Oma Linda. Und vor allem der verständnisvolle Spruch »Du musst nicht immer die Beste sein« kann zu einem fatalen Miss-Verständnis führen. Hin und wieder wollen die Teenies schon auch gefordert werden!

Rote Karte für Vorzugsbehandlungen

Zurücksetzung kann sich fatal auswirken. Das Gefühl zu haben, ein Geschwister werde einem anderen vorgezogen – warum auch immer –, kann zu seelischen Konflikten führen, die das ganze Leben belasten.

Selbstverständlich ist es vor allem die Aufgabe der Eltern, für eine möglichst ausgeglichene und gerechte Verteilung von Liebe und Nestwärme unter den Kindern zu sorgen. Dabei darf ein Kind nicht immer weniger erhalten als ein anderes. Denn auf Dauer leiden sonst seine Selbstachtung und seine – für das spätere Leben erforderliche – Selbstliebe. Die Folgen können dramatisch sein: Wer keinen Respekt und keine liebevolle Achtung vor sich selbst hat (weil ihm wichtige Bezugspersonen oft genug gezeigt haben, dass auch sie keine Achtung vor ihm besitzen), kann meist auch andere Menschen nicht aufrichtig lieben. Deshalb müssen Erwachsene, und ganz speziell natürlich Sie als Großeltern, darauf unbedingt achten. Natürlich heißt das auch, dass materielle Zuwendungen und Geschenke einigermaßen gerecht aufgeteilt werden. Niemand besitzt ein feineres Gespür dafür als Kinder, ob es gerecht zugeht oder ob ein Geschwister anderen stets oder häufig vorgezogen wird.

Als Großeltern können und sollten Sie auch ausgleichend wirken, falls Sie den Eindruck einer Ungleichbehandlung haben. Wahrscheinlich kommt es zwar nur selten zu einer bewussten Bevorzugung eines Kindes vor einem anderen. Vielleicht war ein Geschwister längere Zeit krank und wurde deshalb besonders aufmerksam und liebevoll behandelt. Trotzdem sollten Sie darauf achten und das Thema möglicherweise bei den Eltern ansprechen, wenn Ihrem Eindruck nach ein Kind eine herausgehobene Rolle spielt, andere hingegen einfach nur »mitlaufen«. Außerdem können Sie selbst viel dafür tun, dass alle Enkelkinder das gleiche Maß an Aufmerksamkeit und Zuwendung erhalten. Alle haben es doch gleichermaßen verdient.

»Ist doch alles nur ein Fliegenschiss!«

Heinrich Müller ist 82 Jahre alt. Dabei wirkt er allerhöchstens wie ein Siebzigjähriger. »Er ist fit wie ein Turnschuh«, wie sein Enkel Mark sagen würde. Opa Heinrich besitzt Lebenserfahrung für zwei, und wenn er manchmal von früher erzählt, lauscht der zwölfjährige Mark ganz gebannt. Den Krieg hat Opa erlebt, er war in Russland, an der Ost-Front.

Und Opa kann wunderbar vormachen, wie es war, wenn er auf einem seiner Hungermärsche in Sibirien ausspuckte und die Spucke bei minus vierzig Grad sofort zu einem Eisklümpchen gefror. »Ja, mein Junge, das waren Zeiten!«

Dann erzählt Opa von seiner Heimat, in die er nach längerer Kriegsgefangenschaft wieder zurückgekehrt war: »Da gab es keine Straßen und Häuser mehr, alles war ausgebombt. Nur noch kaputte Steine lagen herum – und zu essen gab es überhaupt nichts.« Unvorstellbar! »Um ein Stück Brot haben wir uns geschlagen, und Fleisch? Fleisch kannten wir überhaupt nicht.«

Mark ist tief beeindruckt, jedes Mal, wenn sein Großvater von früher erzählt. Er kann sich nur darüber wundern, dass Opa überlebt hat, heute vor ihm steht und sich mit seinen großen, rauen Händen, die an den Fingern und an der Rückseite voller weißer Haare sind, abwechselnd über die Stirne streicht. Dabei darf man Opa Heinrich aber nicht mit eigenen Problemen kommen. Mark kommt sich klein und unbedeutend vor, wenn er davon spricht, dass er sich nicht traut, Papa von einer schlechten Note zu erzählen. Für seinen Opa hat das doch kaum mehr Bedeutung als ein »Fliegenschiss«, wie er oft sagt. Ärger in der Schule? Stress mit einem Freund? Sauer auf Papa oder Mama? Alles ein »Fliegenschiss«, wenn man bedenkt, dass Opa Heinrich in seinem Alter »den Kitt aus den Fenstern gefressen« hat, um zu überleben ...

Vorsicht, Bumerang!

Manchmal kann das Verhältnis der Großeltern zu den Eltern ihrer Enkelkinder schwierig sein. So verschlechtert sich die Beziehung der Großeltern zu einem Elternteil in der Regel, wenn sich Eltern trennen. Leider beweist sich in so einem Fall immer wieder die Richtigkeit des Sprichworts »Blut ist dicker als Wasser«, und wer bis vor Kurzem durch

Einheiraten in die Familie noch zum Blut zählte, ist nach vollzogener Trennung lediglich noch dünnes Wasser.

Für einen Erwachsenen, der mitunter sehr schnell jeden Kontakt zu den Eltern des Partners verliert, ist dies oft schon nicht einfach. Bisweilen sehr rasch bekommt er oder sie zu spüren, dass sich die Beziehung zu den Eltern des Partners lediglich auf eine Lebensgemeinschaft bezog, die jetzt nicht mehr existiert – und nicht etwa auch auf persönliche Sympathie, die über die Jahre des gemeinsamen Weges entstanden ist. Für Enkelkinder aber, die aus dieser Verbindung hervorgegangen sind, kann die Situation ungleich schwieriger sein: Alleine schon die Trennung der Eltern muss bewältigt werden; wenn jetzt jedoch noch der Elternteil, der nicht mehr körperlich anwesend ist, permanent schlechtgemacht wird, haben Kinder ein noch größeres Problem. Für gewöhnlich und solange aus ihrer Perspektive alles in Ordnung war, liebten sie ja beide Elternteile. Jetzt plötzlich ist Papa oder Mama ein schlechter Mensch und wird konsequent aus dem Familienverband aussortiert.

So schwer es eventuell auch fällt, sollten Großeltern nach einer Trennung der Eltern deshalb möglichst rational handeln und die Schmerzen ihrer Enkelkinder nicht noch durch vernichtende Urteile oder durch permanente Bemerkungen zwischen den Zeilen über Mama oder Papa vergrößern. Sie sollten bedenken: Ihre Enkelkinder sind auch Kinder des anderen Elternteils, und Ihre allzu einseitige Kritik an einem Elternteil wird früher oder später häufig zu einem Bumerang.

TIPPS AUS DER PRAXIS FÜR DIE »WAS-TUN-PROBLEME«

Wenn Enkelkinder nicht einschlafen

Das ist eigentlich ein typisches Problem, das zunächst die Eltern Ihres Enkelkindes betrifft. Deshalb sollten Kinder erst dann alleine über Nacht bei den Großeltern sein, wenn der Wach- und Schlafrhythmus relativ stabil geworden ist. Das ist häufig dann der Fall, wenn die Kinder etwa ein halbes Jahr alt sind. Trotzdem gibt es natürlich Kinder, die größere Probleme mit dem Einschlafen haben als andere – und manchmal muten die unter jungen Eltern weitergegebenen Ratschläge, wie Kinder beruhigt und zum Einschlafen gebracht werden können, schon komisch an. Die einen machen die besten Erfahrungen mit einer spezifischen Schlafmusik, die anderen mit dem Wiegen auf dem Arm in einem bestimmten Rhythmus und die dritten mit einer ganz bestimmten Schnullermarke. Wie dem auch sei: Das leidige Problem, dass Kleinkinder partout nicht einschlafen wollen, sollten Eltern nicht an die Großeltern abgeben.

Trotzdem sind Kinder normalerweise aufgeregter als zu Hause, wenn sie sich in einer ungewohnten Umgebung aufhalten, wie zum Beispiel bei Oma und Opa. Dann versuchen sie oft, den Zeitpunkt des Zubettgehens so lange wie möglich hinauszuzögern. Da scheint es am hilfreichsten zu sein, feste Einschlafrituale einzuhalten: Dabei setzt sich Oma oder Opa beispielsweise ans Bett, dämpft das

Licht, erzählt eine Geschichte oder liest aus einem Buch vor. Das Lieblings-Stofftier sitzt am Kopfende und wacht über den Zwerg unter der Bettdecke. Durch solche Rituale, die zuverlässig allabendlich wiederholt werden, wissen und akzeptieren die Kinder bald: Jetzt ist wirklich Zapfenstreich.

Sehr gute Erfahrungen machen viele Eltern und Großeltern mit zwei weiteren Dingen: Bei Kleinkindern kann ein Schnuffeltuch – eine weiche Stoffwindel, ein Frotteetuch oder Ähnliches – Wunder wirken, Sie können damit kuscheln und werden mit der Zeit müder. Das Tuch wird dem Kind einige Zeit vor dem Zubettgehen gegeben und signalisiert den heranrückenden Zeitpunkt des Schlafengehens. Das hilft übrigens auch bei Erwachsenen: Zumeist benutzen diese zwar keine Schnuffeltücher mehr, viele aber gewöhnen sich an eine ganz bestimmte Bettwäsche, an die Form eines Kissens, oder sie benötigen eine bestimmte Wolldecke, um gut und schnell einzuschlafen. Zum anderen hilft – allerdings noch nicht bei ganz kleinen Kindern – sehr oft ein CD-Player im Kinderzimmer, der leise Musik oder Vorlesegeschichten abspielt.

Wenn Enkelkinder Angst haben

Fast alle Menschen haben Ängste: Angst vor dem eigenen Tod und vor Schmerzen, Angst vor dem Verlust eines geliebten Menschen, Angst vor finanziellen Krisen und allerlei existenzbedrohenden Nöten, Angst vor dem Versagen bei wichtigen Aufgaben und Prüfungen. Die Angst gehört zum Leben dazu wie die Liebe und die Trauer.

Auch Kinder, und das gilt bereits für die ganz Kleinen, haben Ängste. Erwachsene können oder wollen dies manchmal nicht akzeptieren, weil sie sich nicht (mehr) vorstellen können, was Kinder konkret ängstigen kann. Oft sind dies aber kaum präzisierbare Ängste oder Schreckensszenarien, sondern eher undifferenzierte und abstrakte Gefühle, die sich der Kindern bemächtigen und sie sprichwörtlich überfallen können. Dabei kann die Ursache jedoch einen konkreten Anlass haben: zum Beispiel die große Angst vor dem Verlust der Eltern, die sich nach einem Fernsehfilm einstellt, in dem ein Verkehrsunfall gezeigt wurde, oder Ähnliches.

Nehmen Sie derartige Ängste unbedingt ernst! Es hilft Kindern gar nichts, wenn Erwachsene versuchen, ihre Ängste zu verharmlosen – nach dem Motto: »In deinem Alter kann man doch noch gar keine Angst haben« oder: »Ich würde mich schämen, so viel Angst zu haben« oder: »Mann, du bist mir vielleicht ein Angsthase«. Das ist grundfalsch. Denn genau wie bei Erwachsenen spielen sich auch bei Kindern Ängste und panische Reaktionen nicht auf rationaler, sondern auf emotionaler Ebene ab. Häufig sind deshalb auch alle Versuche, kindlichen Ängsten mit vernünftiger Argumentation zu begegnen – wie etwa: »Du musst doch keine Angst haben, da ist doch nichts« oder: »Es passiert dir schon nichts« –, von vornherein zum Scheitern verurteilt. Ebenso fatal kann es aber sein, Ängste zu dramatisieren: »Och, du Armes, musst du aber fürchterlich erschrocken sein« oder: »Was musst du ausgestanden haben«. Das ohnehin schon angespannte Seelenleben Ihrer Enkelkinder wird in solchen Fällen noch weiter strapaziert.

Richtig hingegen ist es, sich mit den Kindern zu verbünden und ihnen mit möglichst einfachen Worten beizustehen: »Ich verstehe dich. Schau, ich bin für dich da!« Und selbstverständlich wirken eine Umarmung und zärtliche Streicheleinheiten häufig mehr als alle guten Worte, die in Kinderohren nicht selten reichlich hilflos klingen. Darüber hinaus gibt es die Methode des Gegengifts: Eine große Angst kann manchmal mit einer kleinen gelindert werden. Dieser Effekt stellt sich bisweilen beim Vorlesen eines lustigen Märchens ein, das, wie viele Volksmärchen der Brüder Grimm oder des großen Erzählers Andersen, einen erschreckenden Kern in sich trägt. Ein Beispiel: Wenn Ihr Enkelkind sich beim Einschlafen vor den dunklen Schatten an den Zimmerwänden fürchtet und sich diese in seiner Phantasie zu fürchterlichen Riesengestalten und Gespenstern zusammensetzen, könnte das Märchen vom »Tapferen Schneiderlein« helfen. Das Schneiderlein zeigt ja sogar vor dummen und gefräßigen Riesen keinen Respekt, sondern verkohlt diese auf Teufel komm raus und führt sie an der Nase herum. Wer also müsste sich vor derartig einfältigen Geschöpfen fürchten, die sogar zu dumm sind, einen fliegenden Vogel von einem hochgeworfenen Stein zu unterscheiden?

Wenn Enkelkinder aggressiv und gereizt sind

Wie die Angst gehören auch Aggressionen zum Leben und sind Teil der menschlichen Alltagserfahrung. Bis zu einem gewissen (sozial verträglichen) Grad sind Aggressionen normal, vor allem bei Kindern bis etwa zum dritten Lebensjahr. Danach lernen die kleinen Leute zunehmend, Wut, Enttäuschung und Frustration nicht auszuleben, sondern Kompromisse auszuhandeln.

Bis in die 60er- und 70er-Jahre des vergangenen Jahrhunderts herrschte unter den Gelehrten, vor allem den Psychologen, Psychoanalytikern und Erziehungspädagogen, ein heftiger Prinzipienstreit über die Ursache menschlicher Aggressionen: Dabei vertraten die einen die These, menschliche Aggression sei ähnlich der Sexualität in erster Linie triebgesteuert (Instinkttheorie), die anderen postulierten, Aggression werde erlernt (Lerntheorie) – vor allem in der Folge erlittenen Unrechts, von Ungleichbehandlung und Frustration. Um die jeweilige Theorie zu unterstützen, wurden unzählige Experimente und Laborversuche gemacht, die – jeweils nach dem Standpunkt der Wissenschaftler – offensichtlich die Richtigkeit der entsprechenden Hypothese belegten.

Heute jedoch gehen sowohl die Wissenschaft als auch die meisten in der Praxis angewendeten erzieherischen Konzepte davon aus, dass keine der beiden Theorien allein ein derart komplexes und kompliziertes Phänomen erfassen, deuten und beschreiben kann. Aggression wird heute vielmehr als eine Mischung von ererbten Persönlichkeitsmerkmalen und Verhalten, erlernten Handlungsmustern und Reaktionen sowie unzähligen soziokulturellen Einflüssen verstanden. Diese werden unter dem Begriff der Sozialisation zusammengefasst und beschreiben das Heranwachsen in einem gesellschaftlichen Milieu, einer Familie und ihrem Umfeld. Grundsätzlich unterschieden wird dabei zwischen offener und verdeckter Aggression: Erstere tritt offen zutage und zeigt sich beispielsweise in Balgereien von Kindern oder in auf Sachen bezogener Zerstörungswut. Die zweite hingegen richtet sich gegen sich selbst und kann sich im Nägelbeißen oder Haareraufen (-ausreißen) zeigen und bis zur Selbstverletzung und -verstümmelung führen. Dem letzteren, schwerwiegenden Fall liegen meist vorangegangene Gewaltakte gegen Kinder zugrunde. Ob offene oder verdeckte Aggression: Die Wissenschaft ist sich heute im Großen und Ganzen darin einig, dass Aggression vor allem eine Reaktion auf die Verletzung des Selbstwertgefühls ist. Demzufolge kann die Beschädigung der Selbstliebe (Narzissmus) zu Aggressionen führen – abhängig von der Schwere und Dauer und vom Verursacher der Verletzungen.

Richtig auf kindliche Aggressionen zu reagieren ist mitunter schwierig. Grundsätzlich ist es in vielen Fällen jedoch falsch, Kindern zu verbieten, Aggressionen zu zeigen. Im Gegenteil: Besonders kleine Kinder müssen ihre Wut oder

Enttäuschung zeigen dürfen. Gut und hilfreich kann es sein, wenn Sie als Großeltern Ihren Enkelkindern helfen, ihre Aggression in Worte zu fassen und mit Ihnen darüber zu sprechen – »Warum bist du eigentlich so wütend? Ja, das kann ich nachvollziehen, da wäre ich auch verletzt« – und zugleich Erklärungen und Lösungsmöglichkeiten anbieten: »Vielleicht kannst du das aber auch so und so sehen.«

Wenn Ihre Enkelkinder Ihrer Ansicht nach auffällig oft dazu neigen, aus der Haut zu fahren oder Konflikte unter Gleichaltrigen mit körperlichem Einsatz zu lösen zu versuchen, kann Körperkontakt helfen und beruhigen. Ein Kind, das in den Arm genommen wird, fühlt sich geborgen und sieht sich einer Situation nicht so hilflos gegenüber, die es eventuell nicht einmal richtig beschreiben kann. Dabei darf es, wenn diese Reaktion nicht überhandnimmt, seine Wut ruhig auch einmal an einer Sache auslassen: an einer alten Decke, an der es reißen und zerren kann, oder an einer alten Zeitschrift, die es – ritsch-ratsch! – in alle Einzelteile zerfetzt.

Am bedeutsamsten in aggressiv aufgeladenen Situationen ist aber die Kommunikation: Die aufrichtige verbale Auseinandersetzung mit einer konfliktträchtigen Situation ist wichtiger als alles andere. Das gilt besonders für die Formulierung von Wünschen. Hat etwa ein Spielkamerad Ihrem Enkelkind ein Spielzeug weggenommen, so ist die gewalttätige Rückeroberung des Spielzeugs mit Hauen, Kneifen und Tränen eine mögliche Reaktion; eine andere könnte dagegen sein, laut und deutlich zu sagen: »Gib mir mein Spielzeug wieder zurück! *Ich* will jetzt damit spielen!«

Natürlich muss jedes Kind lernen, sich durchzusetzen und sich selbst zu behaupten. Dabei sind verbale Argumente aber allemal besser als schlagkräftige (auch verbal schlagkräftige). Keine Frage: Erwachsene müssen hierbei mit gutem Beispiel vorangehen, da Kinder selbstverständlich auch von ihren Bezugspersonen und Vorbildern lernen und sie imitieren. Das ist sehr wichtig und umfasst alle Alltagssituationen, beispielsweise auch das Autofahren. Bei Opa Günter jedenfalls erinnert die samstägliche Autofahrt zum Einkaufen an eine Expedition in den Tierpark, auf die er sich mit Enkel Claus auch hin und wieder begibt: Zimtziegen, Sumpfschnepfen, blöde Kühe und wilde Hühner sind da offenbar zuhauf auf den Straßen (oder im Dschungel?) unterwegs, und wenn der vorausfahrende Autofahrer das Hinterteil seines »Schrotthaufens« nicht schnell genug die Rampe des Parkhauses hinaufbugsiert, wird er schnell zum Vollidioten, der seinen »Führerschein im Lotto gewonnen« hat. Beifahrerin Oma Klara kramt dann regelmäßig in ihrer Handtasche, um sicherheitshalber nachzusehen, ob sie Opas Herztropfen eingesteckt hat. Denn sein Hemdkragen wird immer enger und der Kopf immer roter. Bei einem solchen Verhalten muss sich letztlich niemand darüber wundern, dass auch Cläuschen bald mit herzhaften »Liebkosungen« um sich wirft und bei einigen Gelegenheiten seiner stürmischen Ungeduld freien Lauf lässt. Im Ernst: Der schlimme Satz »Wer sein Kind schlägt, lehrt es zu schlagen« gilt selbstverständlich auch für den verbalen Bereich.

Aggressionen sind bei Kindern aber durchaus keine besorgniserregende Verhaltensauffälligkeit – wenn sie nicht über ein vernünftiges Maß hinausgehen. Dampf abzulassen darf und muss ab und an sein und gehört zur natürlichen Entwicklung eines Menschen, sofern dies nicht die erträglichen Grenzen sprengt und andere ständig belastet, bedroht oder gar verletzt. Dabei können Sie als Großeltern aber auch beruhigend einwirken, indem Sie Ihrem Enkelkind Bewegung verordnen: Raus an die frische Luft, auf den Roller oder das Fahrrad oder einfach einen gemeinsamen Spaziergang machen. Auch das beruhigt und löst viele Aggressionen in Luft auf: Dampf ablassen durch Bewegung!

Wenn Sie allerdings feststellen, dass sich Ihr Enkelkind mit der Zeit verändert hat und heute vielleicht öfter zu aggressiven Ausbrüchen neigt als früher, kann dies eine ernsthafte Ursache haben: Haben die Eltern vielleicht die Wohnung bzw. den Wohnort gewechselt und war das für Ihr Enkelkind eventuell mit einem Schulwechsel verbunden? Muss es sich also wieder in eine neue Umgebung hineinfinden und hat es neue Lehrer, neue Mitschüler, neue Freunde? Oder kommt es zwischen den Elternteilen des Kindes in letzter Zeit zu Auseinandersetzungen? Erlebt Ihr Enkelkind zu Hause Streit, Zank und Krach? Oder leidet es unter Schulproblemen, läuft es in einem oder in mehreren Fächern nicht so gut, droht vielleicht sogar ein Wiederholungsjahr? Viele Möglichkeiten können zu verstärkten Aggressionen führen, die oft vermehrt in vertrauter Umgebung – zum Beispiel bei Ihnen zu Hause – ausgelebt werden. Hier ist Ihr Fingerspitzengefühl gefragt, Ihr Einfühlungsvermögen und selbstverständlich Ihre Bereitschaft, der Sache auf den Grund zu gehen und mit allen beteiligten Personen das Gespräch zu suchen.

Und noch eines (davon war ja schon die Rede): Seien Sie nicht allzu überrascht und betroffen, wenn Ihr einst so friedliches, höfliches und liebenswertes Enkelkind – dieses ehemalige Engelchen mit Pausbäckchen und Löckchen – nach Beendigung seines ersten Lebensjahrzehnts plötzlich zu einem kleinen »Teufel« wird und in manchen Situationen seinen Aggressionen freien Lauf lässt. Dann herrscht die Pubertät, und die Stimmung wechselt im Minutentakt: zwischen himmelhoch jauchzend und zu Tode betrübt, zwischen Kuschelhase und Giftspinne, zwischen reizend und widerlich! Doch keine Sorge, das wächst sich aus ...

Wenn Enkelkinder trotzig sind

Liese ist drei Jahre alt, hat dicke braune Kringellocken und auffällig große braune Rehaugen. »Mein Schokoladenpüppchen«, wie ihre Großmutter zärtlich zu sagen pflegt. Heute trippelt sie in ihrem marineblauen Kleidchen über schneeweißen Kinderstrumpfhosen und dunkelblauen Lackschühchen aufgeregt an Omas Hand ins große Kaufhaus in der Fußgängerzone. Oma freut sich immer, wenn sie die Kleine mal ganz für sich alleine hat. Deshalb hat sie ihr Lieschen früh morgens von Mama und Papa abgeholt, in die Straßenbahn bugsiert und ist mit ihr in die Stadt gefahren. Oma und Liese verstehen sich prächtig und sind schon jetzt ein perfekt eingespieltes Damenteam. Dumm nur, dass Oma den West- und nicht den Osteingang ins Kaufhaus genommen hat, denn unmittelbar hinter dem Eingangsrondell zum größten Konsumtempel der Stadt zieht die Spielzeugabteilung sofort alle kleinen Leute in ihren Bann. Da glitzert und blitzt, da leuchtet und strahlt es in allen Farben – Autos, Bagger, Flugzeuge, Schiffe aller erdenklichen Größen und Formen fesseln die Jungs, und Puppen, Kleider, Schmink- und Kosmetiktaschen und Stofftiere haben es den Mädels angetan. Liese, die diese Pracht sofort entdeckt, drückt und knufft ihre Oma in die Beine, um ja schnell genug an die großen Auslagetische und Regale zu gelangen. Oma lächelt gutmütig in sich hinein und lässt sich drängen.

Ein »Uiii!« und »Ooooh!«, und Liese flitzt zu einem mannshohen Regal mit allerlei Fahrzeugen aus Holz. Ein großes feuerrotes Auto mit weißen Rädern in Augenhöhe hat es ihr besonders angetan. Entschlossen greift sie danach, rüttelt und schüttelt und zerrt das hölzerne Gefährt aus dem Regal. Plumps, da liegt es am Boden, und die Kleine quietscht vor Vergnügen. »Aber Lieschen«, tadelt ihre endlich aufgerückte Oma und greift nach ihrer Hand: »Das ist doch nichts für dich! Komm, ich will dir eine

Mütze und einen Schal kaufen.« Mütze, Schal ... Denkste! Liese beeindruckt diese Ankündigung überhaupt nicht. Sie lässt sich auf den Hosenboden fallen – Oma denkt mit Schrecken an den blütenweißen Strumpfhosenpo, der jetzt gewiss ganz schmutzig wird – und spielt: Sie befingert die großen weißen Räder, drückt mit beiden Daumen auf die gelben Scheinwerfer des Autos – und be-greift! Sie strahlt, blickt zu ihrer Oma auf und kräht: »Audo, Audo!« Oma nickt zunächst bedächtig und lässt der kleinen Enkelin ein bisschen Zeit, versucht dann aber doch, ihr Händchen zu erwischen, um sie hochzuziehen und schnell aus dieser Abteilung zu verschwinden. Denn pausenlos drängen sich andere Kunden durch den engen Gang zwischen den Regalen hindurch und stoßen sie in den Rücken. »Komm, Lieschen, lass das Auto jetzt«, flötet Oma, »komm, wir fahren mit der Rolltreppe nach oben!«

Noch einmal denkste! Liese, die sich mit einem Ruck auf die Beine befördert sieht, reißt sich erneut los und führt sich auf, Schockschwerenot!, wie Oma es noch niemals erlebt hat: Zuerst plumpst sie auf den Hintern, dann wirft sie sich auf den Rücken, stampft im Liegen mit beiden Füßen auf das Parkett, nimmt die Fäuste zu Hilfe und malträtiert auch damit den Boden, reißt dabei die Augen auf, dass Oma angst und bange wird – und beginnt zu schreien! Die Tonlage, die sie dabei anstimmt, ist, gut geschätzt, ein zweigestrichenes »C«. Nach wenigen Sekunden – Lieschen muss offensichtlich nicht pausieren, um neue Luft in ihre Lungen zu ziehen – stürzt ein Verkäufer um die Ecke und bittet eindringlich um Ruhe: »Bitte, beruhigen Sie doch das Kind. Das hält doch kein Mensch aus. Wir haben auch noch andere Kunden, die unsere Ware in Ruhe betrachten und auswählen möchten!« Beruhigen? Keine Chance! Lieschen brüllt wie am Spieß, und als Oma wild entschlossen und mit aller Kraft erneut probiert, die Kleine auf die Füße zu stellen, wird der Krach noch lauter, die Tonlage noch höher, und Oma sieht im Augenwinkel einen älteren Herrn missbilligend den Kopf schütteln. Der Verkäufer ist verschwunden und lässt sich nicht mehr blicken. Oma badet in Schweiß.

Was ist passiert? Lieschen, die kleine Süße mit ihren dicken braunen Kringellocken und sanften Rehaugen, steckt mitten in der Trotzphase. Oma hat davon noch nicht viel mitbekommen, da die Trotzreaktionen bislang noch nie eskalierten. Glück gehabt Jetzt aber, mein lieber Herr Gesangsverein!

Der Grund für die Trotzerei, die meist mit zweieinhalb Jahren beginnt und mit gut vier Jahren endet, ist denkbar einfach: Kinder beginnen sich von Erwachsenen zu lösen, wollen selbst entscheiden und ihre eigenen Wege gehen. Dabei stoßen sie an natürliche Grenzen und stolpern über die eigenen Unzulänglichkeiten. Körperlich und motorisch klappt alles bei Weitem noch nicht so gut wie in späteren Jahren – trotzdem aber will das Kind alles, kann es alles und weiß doch selbst schon alles! Und da sich Erwachsene meist gegen den jetzt mit aller Kraft erwachten Kinderwillen stemmen und ihre eigenen Vorstellungen und Entscheidungen durchsetzen wollen, kommt es oft zu chaotischen, panischen und beinahe unkontrollierbaren Reaktionen der kleinen Egomanen: zur Eskalationsspirale, die sich ein um das andere Mal immer noch weiter hochschraubt.

Drei Tipps zum Thema:

› Ver- und Gebote müssen sein – auch bei Oma und Opa. Auch das müssen Kinder lernen. Das kann man ihnen weder ersparen noch versüßen. Gleichwohl ist es wichtig, den Kleinen in ihren ausgeglichenen Phasen zu erklären, warum sie etwas nicht dürfen oder nicht tun sollen. Dazu braucht es nicht viele, sondern möglichst einfache und klare Worte. Bleiben Sie bei den von Ihnen aufgestellten Regeln und versuchen Sie, trotz Geschrei und Widerstand, die Ruhe zu bewahren.

› Geben Sie Ihrem Enkelkind das Gefühl, auch in den Phasen des Ausflippens geliebt zu werden. Es ist zwar nicht immer schön, wenn sich das geliebte Enkelkind plötzlich wie ein wild gewordener Derwisch aufführt und die Umgebung mal verärgert, mal spöttisch, mal mitleidig reagiert. Ein Grund für Liebesentzug oder die Drohung mit Liebesentzug ist es jedoch keineswegs.

› Und letztlich: Bleiben Sie aus der Perspektive Ihres Enkelkindes berechenbar! Wenn Sie sein Schreien und Toben ärgert, dann zeigen Sie auch mit angemessenen Worten und Reaktionen, dass Sie wütend sind – und zwar jedes Mal. So werden seine Reaktionen mit der Zeit konstruktiver, und es lernt! Es wäre fatal, wenn Sie sich heute verärgert zeigten und es morgen vielleicht ignorierten.

Übrigens: Freuen Sie sich nicht zu früh und denken Sie nicht, dass die Trotzphase nach dem vierten Lebensjahr abgeschlossen sei. Von wegen! Der richtige Trotz wartet noch (das wissen Sie bestimmt noch von Ihren eigenen Kindern) und ereilt Sie, wenn Ihr Enkelkind in die Pubertät kommt. Da sehnt man sich doch direkt nach den kleinen verzogenen Bälgern zurück, die sich schreiend und tobend auf den Rücken warfen!

Wenn Enkelkinder »fremdeln«

Das sogenannte Fremdeln ist eine natürliche Reaktion von Kindern und tritt vor allem zwischen dem achten Lebensmonat und dem Ende des ersten Lebensjahres auf. Deshalb sprechen Entwicklungspsychologen auch von der Acht-Monats-Angst. Hat ein Säugling bislang auf jedes Familienmitglied und selbst auf fremde Besucher, die er nicht regelmäßig oder nicht häufig sieht, mit Lachen, Gurren und freundlichen Grübchen in den Wangen reagiert, fängt er nun plötzlich an zu schreien und mit Füßen und Händen zu stoßen. Dies ist beileibe keine Reaktion auf vielleicht missliebige Menschen oder auf Besucher, die einem Kind aus irgendeinem Grund nicht gefallen oder zusagen. Nein, das Fremdeln ist ein Entwicklungsschritt und macht offenkundig, dass etwa vom achten Lebensmonat an die kindliche Wahrnehmung differenzierter und genauer wird. Es registriert die Gesichtszüge von Erwachsenen präziser und studiert Mimik und Gestik – und es be-*riecht* seine Mitmenschen offenbar auch intensiver und kritischer als zuvor.

Kein Wunder also, dass der kleine Christian, der bis vor Kurzem noch lächelte, wenn sein Opa ihn auf den Arm nahm und sanft schaukelte, mit einem Mal aus vollem Halse schreit, wenn sich Großvater über sein Gesichtchen beugt. Denn Opa hat gerade noch eine seiner dicken Zigarren geraucht – und, Pardon, der Mann, der ihn in den Arm nehmen will, riecht einfach ziemlich ekelig.

Wenn Enkelkinder lügen

Flo, so nennen alle den achtjährigen Florian, hat es faustdick hinter den Ohren. Der Dreikäsehoch ist intelligent, höchst kommunikativ, ein Bewegungsgenie (dabei dürr wie ein vertrockneter Hering) und äußerst phantasiebegabt. Eigentlich gibt schon sein Äußeres genug Anlass, Vorsicht walten zu lassen: ein kaum zu bändigender roter Haarschopf über einem Paar frech abstehender Ohren, auf dem fast immer eine mit dem Schild nach hinten gewendete Basecap thront; die Stupsnase mit zahllosen Sommersprossen inmitten zweier Pausbacken; Jeans mit großen Aufschlägen auf den roten Chucks und ein lässiges T-Shirt oder ein wild gemustertes Hemd obendrauf. Ein Lausbub, wie er im Buche steht, mit einem extrem hohen Potenzial für einen künftigen Politiker oder Talkshow-Moderator. Zum einen, weil Flo ungerührt und, ohne mit der rötlich behaarten Wimper zu zucken, lügen und flunkern kann, dass sich die Balken biegen, zum anderen, weil er so schnell spricht, nein geradezu sprudelt, dass die Gedanken schneller heraus sind, als er sie denken kann.

»Opa«, kräht er heute, »Papa hat 100 000 Euro im Lotto gewonnen!« Wäre es nicht Flo, der diese frohe Nachricht verbreitet, würde sein Großvater in die Hände klatschen und umgehend zum Telefonhörer greifen, um seinem Schwiegersohn herzlich zu gratulieren. Weil es aber Flo ist, der dabei die Hände in die Hüften stützt und die Augen weit aufreißt, ist Opa skeptisch. »So, so, du Knirps. Woher willst du das wissen?« »Papa hat's erzählt«, gibt Flo zurück. »Wann?«, fragt Opa. »Gestern Abend, nach der Arbeit, beim Essen.« »Und was hat deine Mama dazu gesagt?«, will Opa weiter wissen. »Oh, die hat sich dicke gefreut!«, antwortet der Dreikäsehoch. »Interessant«, sagt Opa und kratzt sich am Kopf, »soviel ich weiß, spielt dein Papa immer nur am Wochenende Lotto. Gestern war aber Freitag …« Klar, wie sich später auch wirklich herausstellt, hat Flo wieder einmal geflunkert.

Genauso war es, als der Achtjährige seinen Großeltern den Bären aufbinden wollte, dass ein Schulkamerad immer Eier mitsamt der Schale esse. »Unsinn«, entfährt es Oma, »was reimst du dir denn da wieder zusammen, Flo?« Darauf erwidert der Kleine im Brustton der Überzeugung: »Nix Unsinn, Oma! Der Markus liegt grad darum im Krankenhaus. Jetzt ist der Blinddarm kaputt!«

Lügen? Na ja, was wir Erwachsene manchmal als Lüge bezeichnen, ist in Wahrheit Phantasterei, eine Story, die einen realen Kern hat und mit fiktiven und erfundenen Elementen vermischt wird. Kindern ist oft gar nicht bewusst, dass sie die Wahrheit mitunter ein bisschen biegen, und die Intelligentesten und Phantasiebegabtesten flunkern am besten. Eventuell hat Flos Papa in einem Gespräch mit Mama erst kürzlich einmal geseufzt, wie schön es doch wäre, einmal 100 000 Euro im Lotto zu gewinnen. Dann wären alle finanziellen Sorgen wie verflogen, und man könnte ein Hypothekendarlehen im Handumdrehen tilgen. Tja, auch für den Sohnemann ist diese Vorstellung wohl derart verlockend, dass sie doch direkt wahr sein könnte!

Und die Eierschalen und der Blinddarm? Wahrscheinlich handelt es sich in diesem Fall um eine Erklärung, die sich Flo selbst gegeben hat. Warum muss sein Kumpel, verflixt noch mal, ins Krankenhaus? Ein Blinddarm, was ist das? Ist es nicht gut vorstellbar, dass so ein Appendix durch Eierschalen angepiekst wird und kaputtgeht? Wäre doch denkbar, oder?

Flos Flunkerei freilich hat Witz und Charme. Das ist nicht immer so, und Erwachsene reagieren bisweilen verzweifelt und ratlos, wenn Lügereien und Schwindeleien bei Kindern nicht enden wollen oder immer wieder mal vorkommen. Neben einer ausgesprochenen Begabung für phantastische Geschichten können auch andere Ursachen vorliegen:

› Manchmal reagieren Kinder konfliktscheu und wollen oder können sich ihrer Verantwortung nicht stellen. Sie gehen Schwierigkeiten und Vorhaltungen der Erwachsenen lieber aus dem Weg. Bei den Großeltern ist das in vielen Fällen nicht anders als bei den Eltern.

› Sowohl ein zu autoritärer als auch ein zu lässiger Erziehungsstil fördern Schwindeleien und das Erfinden von Ausreden. Im ersten Fall schüren Erwachsene Ängste und drohen mit Konsequenzen, die Kinder lieber vermeiden wollen; im zweiten Fall wird es ihnen zu einfach gemacht, Ausreden zu ersinnen – wenn etwa die Hausaufgaben nicht gemacht oder in der Schule schlechte Noten kassiert wurden. Denn selbst im Falle des Auffliegens drohen wahrscheinlich ja keine Konsequenzen.

› Ganz schlimm wirkt die Moralkeule auf Kinder: Erwachsene, die bereits auf die kleinste Verfehlung mit stundenlangen Bußpredigten reagieren und ständig mit den Zehn Geboten oder dem Strafgesetzbuch unter dem Arm durchs Familienleben laufen, produzieren regelrecht kleine Schwindler. Wer möchte das denn auch freiwillig aushalten? Da kriegen ja selbst die Lügen lange Beine! Erinnern Sie sich als Opa und Oma deshalb bitte auch an Ihre Kindheit. Es ist durchaus wahrscheinlich, dass Sie selbst – auch wenn Sie Lügereien prinzipiell verurteilen – nicht immer bei der Wahrheit geblieben sind.

› Darüber hinaus spielt das Vorbild von Eltern und Großeltern eine ganz entscheidende Rolle. Hand aufs Herz! Was sollen kleine Leute denken und lernen, wenn sie beispielsweise die folgende Situation erleben? Oma Grete wird von ihrer Cousine Hilde übers Wochenende eingeladen. Eine Postkarte flattert ins Haus, und darin steht, dass man gemeinsam doch mal so richtig gemütlich bummeln gehen und danach im Stadtcafé eine schöne Tasse Schokolade genießen und ratschen könne. Am Sonntag dann, nach einem Besuch im Theater, könne man einen wunderschönen Herbstspaziergang am See machen ... Oma Grete kneift nach der Kartenlektüre die Augen zusammen, legt die Stirn in tiefe Falten und bekommt stante pede hektische Flecken an Hals und Wangen. »Nö«, sagt sie zu Opa, der aufmerksam lauscht. »Nö! Ich habe ja überhaupt keine Lust auf ein Wochenende mit dieser ...« Fast hätte sie vergessen, dass ihr Enkelchen Jakob im Türrahmen steht und die Ohren spitzt. »... mit dieser Ku(h)-si-ne!« Flugs greift Oma zum Telefonhörer und wählt Hildes Nummer: »Tut mir ja sehr leid«, hören Opa und Enkel, »aber ausgerechnet an diesem Wochenende, das du für uns geplant hast, haben wir schon Besuch.« – »Wer kommt denn?« will Jakobchen wissen, kaum dass Grete den Hörer auf die Gabel gelegt und laut und triumphierend »So! Das wäre erledigt!« gerufen hat. »Och, och, äh ... Jakob, das habe ich jetzt nur so gesagt. Ich kann einfach nicht, weißt du, ich will *mit der* nicht so lange zusammen rumglucken!« »Aha«, denkt Jakob, »so also hört sich eine Notlüge an.«

› Bleiben Sie grundsätzlich gelassen, wenn Sie Ihre Enkelkinder bei gelegentlichem Schwindeln erwischen. Besonders, wenn sie noch kleiner sind, können sie Wahrheit und Lüge noch nicht voneinander unterscheiden. Lügengeschichten haben fast immer einen wahren Kern, und selten sind alle Bestandteile der Story frei erfunden.

› Machen Sie Ihren Enkelkindern jedoch frühzeitig klar, dass faustdicke Lügen niemals die Norm sein dürfen. Eine Lüge ist immer auch ein Vertrauensbruch, dessen Ausmaß Kindern aber selten deutlich ist. Sprechen Sie deshalb klar und deutlich die Situation an – ohne jedoch Schuldgefühle zu provozieren.

› Verhörmethoden bei Kindern anzuwenden, die beispielsweise beim Spielen eine teure Vase oder Ähnliches kaputt machen, schnell die Scherben verstecken und anschließend so tun, als sei nichts gewesen, ist völlig fehl am Platz. Es verletzt die Beziehung zu den Kindern, und genau das, was von ihnen verlangt wird – Vertrauen! –, geht dabei unweigerlich zu Bruch und ist nur schwer wieder zu kitten. Was bedeutet schon eine Vase (und sei sie aus der Zeit der Ming-Dynastie) im Vergleich zum anrührenden Versuch von Kindern, die Welt wieder heil zu machen? Das ist doch nur der Versuch, die vermutete Trauer bei den Erwachsenen zu vermeiden.

› Schaffen Sie gerade als Großeltern lieber eine Atmosphäre, in der Vertrauen wachsen kann und in der jeder seine Fehler eingestehen darf. So verschwinden viele Gründe für Ausreden und Schwindeleien …

› Falls Sie Ihre Enkelkinder auch in fortgeschrittenem Schulalter noch auffällig oft beim Lügen ertappen, suchen Sie am besten zunächst mit deren Eltern das Gespräch. Setzen diese ihre Kinder eventuell unter einen zu großen Leistungsdruck? Führt der eigene Ehrgeiz der Eltern dazu, dass Ihre Enkelkinder ab und zu ausweichen, um der harten Realität nicht ins Gesicht blicken zu müssen? Projizieren die Eltern vielleicht eigene Versagensängste und Frustrationserfahrungen auf Ihre Enkelkinder? Denken Sie bitte auch an Ihre eigenen Erziehungsmethoden bei Ihrer Tochter oder Ihrem Sohn, die/der heute eigene Kinder erzieht! Wenn Sie sich nicht sicher sind, ob alles mit rechten Dingen zugeht, sprechen Sie intensiv mit den Eltern und wirken Sie darauf hin, dass gegebenenfalls professionelle Erziehungsberater und/oder Psychologen um Rat gefragt werden. Dies stellt keine unrechtmäßige oder ungerechtfertigte Einmischung in elterliche Angelegenheiten oder Zuständigkeiten dar. Denn in jedem Fall geht das Wohl Ihrer Enkelkinder vor.

Wenn Enkelkinder unter Essstörungen leiden

Eigentlich ist es schwer zu verstehen, dass eine so lebensnotwendige und genüssliche Handlung wie das Essen mit Störungen verbunden sein kann. In Ihrer Generation und in Ihrer Kindheit und Jugend waren die meisten Menschen froh und glücklich, wenn sie genug zu essen hatten. Da war eher die regelmäßige und ausreichende Nahrungsaufnahme gestört. Manche ältere Menschen mit prägenden Mangelerfahrungen können deshalb nur schwer verstehen, dass nicht wenige Kinder der heutigen Zeit entweder viel zu viel (oder zu fette und einseitige) Nahrung zu sich nehmen und in den modernen Industriegesellschaften schon in frühen Jahren fettleibig werden (Kinderärzte diagnostizieren bei rund fünfzig Prozent der Kinder und Jugendlichen Übergewicht) oder aber unter Magersucht leiden.

Essstörungen jedoch kommen nicht aus heiterem Himmel. In den allermeisten Fällen sind sie nicht Ursache, sondern Symptom einer anderen Ursache, (die sich unter anderem in Essstörungen zeigt). Dabei können Persönlichkeitsstörungen, Ängste, Depressionen oder Zwangsstörungen vorliegen. Häufig handelt es sich um schwerwiegendere und tiefer gehende Probleme, als sich eventuell auf den ersten Blick vermuten ließe. An dieser Stelle soll nicht zu viel spekuliert werden, es kann aber sein, dass die Wurzel des Problems in emotionalen Defiziten Ihres Enkelkinds bzw. seiner Umgebung liegt, denn – und das wissen Kommunikationswissenschaftler sehr genau – die Nahrungsaufnahme ist eine Form von Kommunikation und des Kontakts mit der Umwelt. Wie dem auch sei: Man spricht von einer Essstörung, wenn eine Person die Kontrolle über die Menge und die Vielfalt der Nahrung, die sie zu sich nimmt, verloren hat und nicht mehr auf ihre Impulse hört, die normalerweise signalisieren: »Schluss, jetzt habe ich genug gegessen, ich bin satt« oder: »Ich habe Hunger, ich möchte jetzt etwas essen.«

Schon bei Kleinkindern bis zum Alter von etwa vier Jahren werden heute Essstörungen diagnostiziert. Selbstverständlich aber liegen hier nicht immer psychogene Ursachen vor wie Störungen in der Familie oder in der Mutter-Kind-Beziehung. Kleinkinder sind nämlich häufig von Hause aus wählerisch und spielen gerne mit dem Essen und dem Prozess der Nahrungsaufnahme. Das muss nicht immer gleich heißen, dass hier eine Störung vorliegt. Wichtig aber ist, dass Eltern – und Großeltern! – den eigenen und individuellen Rhythmus des Kindes akzeptieren. In aller Regel haben Kinder für die Nahrungsaufnahme eine exakt funktionierende innere Uhr, und es macht überhaupt nichts aus, dass sie heute viel und morgen wenig essen, dass sie heute besonders auf Fleisch, morgen auf Teigwaren und übermorgen auf Eis und Schokolade aus sind. In der Summe gleicht sich das bei gesunden Kindern immer wieder aus! Die innere Uhr darf den Kindern nicht abtrainiert werden, denn das kann der erste Schritt zu einer Essstörung sein.

Ein großes Problem unserer Zeit ist Überernährung in Verbindung mit Bewegungsmangel. Kinder haben einen natürlichen Bewegungsdrang, der Übergewichtigkeit und Fettleibigkeit eigentlich verhinderte, wenn Erwachsene diesen Bewegungsdrang unterstützten. Das tun sie in vielen Fällen aber nicht. Im Gegenteil, sie bieten Kindern oft alle Ingredienzien, die eine prächtige Essstörung entstehen lassen können: ein Fernsehgerät vor einer kuscheligen Couch, ein Kinder- und Jugendzimmer mit Computer, Internetanschluss, Spielekonsole und vielen schönen Computerspielen, genügend Geld für tolle Snacks wie Chips, Flakes, Pizza und für schöne Wochenendausflüge zu Fast-Food-Restaurants. Eigentlich kann das doch gar nicht gut gehen und muss direkt zur Esssucht führen. Man sollte es nicht übertreiben, aber wenn der kindliche Bewegungsdrang nicht ausgelebt werden kann, können emotionale Defizite entstehen. Diese wiederum werden in manchen Fällen mit einem Übermaß an Nahrungsgenuss kompensiert. So kann ein Teufelskreis von Überernährung und Fettleibigkeit entstehen.

Bei der sogenannten Anorexie, der Magersucht, liegt der gegenteilige Befund vor: Kinder, vor allem aber Jugendliche – und hier in der Hauptsache Mädchen – können dabei bis zu einem Viertel ihres altersgemäßen Körpergewichts verlieren. Das kann besonders häufig in der Pubertät geschehen, etwa um das elfte Lebensjahr herum. Die Jugendlichen fühlen sich, obwohl sie intensiv und beständig abnehmen, durchgehend zu dick. Denn in der Pubertät verändert sich ja das Körperschema – Mädchen lagern an manchen Körperstellen (Po, Oberschenkel) Fett ein und werden femininer und runder. Bei manchen Mädchen und jungen Frauen führt dies zu einer gefährlichen Gegenreaktion: Alle Gedanken kreisen nur noch um das Thema Figur. Sie fühlen sich zu unförmig und schwer und beginnen damit, bewusst oder auch unbewusst, weniger und weniger zu essen. Daraus kann sich eine Magersucht des sogenannten restriktiven Typs ergeben. In anderen Fällen, wenn die aufgenommene Nahrung bewusst wieder erbrochen wird, spricht die Wissenschaft vom Ess-Brech-Typ.

Äußerlich erkennbar ist die Magersucht an etlichen körperlichen Störungen, die möglicherweise damit einhergehen: Haarausfall, Zahnschäden oder sogar eine Blauverfärbung der Haut an den Fingerspitzen. Die Unterversorgung des Körpers kann bei jungen Frauen zudem dazu führen, dass die Monatsregel wieder aussetzt und sie in der körperlichen Entwicklung erheblich zurückgeworfen werden. Darüber hinaus fällt durch einen intensiven Konsum von Karotten – die machen ja nicht dick – häufig auch eine Gelbverfärbung der Haut auf.

Wird eine eventuelle Pubertäts-Magersucht nicht behandelt, kann sie in eine Ess-Brech-Sucht, eine *Bulimia nervosa*, münden. Dabei gibt es lange Phasen der strikten Diät, in der die betroffene Person so gut wie keine Nahrung zu sich nimmt, aber auch Heißhungerattacken, bei denen völlig unkontrolliert gegessen wird. Da die Angst vor einer möglichen Gewichtszunahme immer gegenwärtig ist, wird diese Nahrung dann wieder bewusst erbrochen: ein schlimmes Krankheitsbild, das bis zu epileptischen Anfällen und irreversiblen Nierenschäden führen kann.

Wenn Sie den begründeten Verdacht haben, dass bei einem Enkelkind eine dieser möglichen ernsthaften Essstörungen vorliegt, sollten Sie in einem Gespräch mit den Eltern auf die Einholung fachärztlichen und psychologischen Rats drängen. Damit ist nicht zu spaßen – und das wächst sich in manchen Fällen auch nicht einfach wieder aus.

Grundsätzlich sollten Sie bei allem, was mit Essen zu tun hat, auf die folgenden Dinge achten:

› Essen sollte niemals als Druck- oder Lockmittel eingesetzt werden. Die Ankündigung: »Erst, wenn du aufgegessen hast, darfst du wieder fernsehen« ist ebenso falsch wie die Aussicht auf Genuss: »Wenn du deine Hausaufgaben vollständig erledigst, kriegst du eine große Schüssel Erdbeeren mit Sahne.« Essen steht für sich alleine.
› Seien Sie nicht allzu fürsorglich! Kinder haben heute ungeheueren Appetit, und morgen rühren sie keinen Bissen an, weil sie zum Beispiel von Spielkameraden völlig in Anspruch genommen werden. Akzeptieren Sie den inneren Rhythmus der Kinder bei der Nahrungsaufnahme. Keine Sorge, sie bekommen schon genug.

› Essen ist kein Ersatz für emotionale Zuwendung. Schön an Omas Küche ist für Ihre Enkelkinder nicht unbedingt, dass Sie eventuell ganz hervorragend kochen – nach altem Rezepten vielleicht, oder Gerichte auf den Tisch bringen, die derart lecker sind, dass Ihren kleinen Gästen schon beim Gedanken daran das Wasser im Munde zusammenläuft –, sondern schön ist vor allem der Prozess des Kochens und der Kommunikation. Mit anderen Worten: Wichtiger als das Essen selbst ist das Klönen in der Küche, wenn Oma von früher erzählt und ihren Enkelkindern eine ganz eigene Form von Nestwärme schenkt.

› Geben Sie Ihren Enkelkindern ein gutes Beispiel. Essen Sie regelmäßig, aber nicht allzu reichlich. Leben Sie eine ausgewogene und nährstoffreiche Ernährung vor.

› Geben Sie Unterricht, falls Sie auf dem Lande wohnen. Viele Kinder und Jugendliche in der Stadt haben den Bezug zu einer gesunden und ausgewogenen Ernährung verloren und können ihn auch bei den eigenen Eltern nicht mehr erfahren. Zeigen Sie beispielsweise, wie schön es ist, eigenes Gemüse, Salate und Kräuter zu pflanzen und zu ernten.

› Idealerweise ist Essen ein schönes Ritual: Die ganze Familie sitzt gemeinsam am Tisch, genießt ein gutes Essen und unterhält sich dabei über Dinge, die alle betreffen. Leben Sie das vor!

Scheidungs(enkel)kinder

Jede dritte, ja beinahe jede zweite Ehe wird in Deutschland geschieden. Das ist nüchterne Realität und zugleich eine traurige Wahrheit für Kinder, die aus diesen Ehen hervorgehen. Ist es schon für Erwachsene nicht leicht, mit einer Trennung umzugehen und wieder mit dem Alleinsein zurechtzukommen, können sie sich jedoch nach der ersten Zeit des emotionalen Aufgewühltseins rational mit den Ursachen einer gescheiterten Beziehung auseinandersetzen. Eventuell kommen sie dann sogar zu dem Ergebnis, dass der gemeinsame Brennstoffvorrat, der einst das Feuer zum Auflodern brachte, längst aufgebraucht war und die Trennung von Tisch und Bett die einzige, die beste Lösung für beide Partner darstellte.

Für Kinder aber, die früher mit beiden Elternteilen zusammenlebten und denen nach der Trennung oder Scheidung von Mama und Papa nun ein Elternteil entzogen wird, bedeutet das einen tiefen Einschnitt in ihr Leben. Hier geht Vertrauen, Ur-Vertrauen, in die wichtigsten Bezugspersonen und in den guten Lauf der Dinge verloren. Nichts ist mehr natürlich, nichts mehr einfach. Enttäuschung, Ängste, Irritationen und auch Selbstvorwürfe bleiben in den meisten Fällen zurück, die in Abhängigkeit vom jeweiligen Alter der Kinder erst allmählich verarbeitet werden können. Andererseits gibt es manchmal offensichtlich gute Gründe für eine Trennung, selbst wenn Kinder aus der gemeinsamen Verbindung hervorgegangen sind: Ob es besser oder angenehmer für Kinder ist, ständig die Faust in der Tasche der Eltern beim Umgang miteinander zu spüren, die lediglich darum offiziell zusammenbleiben, weil es Kinder gibt, ist eher eine rhetorische Frage.

Wenn eine Trennung der Eltern unvermeidlich ist, haben sie jedoch die Pflicht, ihren Kindern die Chance für einen möglichst positiven Neuanfang zu geben. Die Kinder brauchen jetzt vor allem eines: emotionale Zuwendung, Stabilität und Verlässlichkeit. Das betrifft alle neuen Lebensumstände und Rahmenbedingungen. Schlechtes Reden über den verlorenen Elternteil und ständige Schuldzuweisungen des Zurückgebliebenen können sie jetzt keinesfalls verkraften. »Zu einer Trennung gehören immer zwei« heißt es, und dieser Satz ist richtig. Kinder tragen keine Schuld daran, und deshalb müssen sie *möglichst* freigehalten werden von allen emotionalen Nöten infolge einer Trennung.

Für den Elternteil, der die Kinder künftig versorgt und in dessen Haushalt sie leben, ist das alles andere als einfach. Er muss sich neu orientieren, mit allen Problemen und Zwängen, die damit verbunden sind, und macht sich in vielen Fällen Sorgen um eine gesicherte materielle Zukunft. Besonders in dieser Zeit ist er selbst nicht stabil und ausgeglichen. Wut, Enttäuschung, Frustration und Verzweiflung kommen immer wieder an die Oberfläche. Dennoch muss er versuchen, Kinder damit möglichst nicht zu belasten, denn ihre Last mit der Trennung der Eltern wiegt schwer genug. Ihnen noch mehr aufzubürden ist rücksichtslos.

Was bedeutet eine solche Situation für Großeltern? Wenn Ihre Tochter oder Ihr Sohn in eine Trennungssituation gerät und Ihren Enkelkindern ein Elternteil entzogen wird, dann können Großeltern wichtige Hilfe leisten. Das beginnt mit organisatorischer Unterstützung und reicht bis zur finanziellen Hilfe. Am wichtigsten aber: Sie können viel zur emotionalen Abfederung Ihrer Enkelkinder beitragen. Eventuell haben Sie sogar ein so gutes und enges Verhältnis zu den Kindern, dass Sie aufkommende und dringende Fragen beantworten können: Warum ist das passiert? Wie geht es jetzt weiter? Von großer Bedeutung ist es jetzt, dass Sie feinfühlig und differenziert vorgehen:

› Psychischen, emotionalen und vielleicht auch materiellen Beistand zu gewähren ist gut und richtig. Sich ganz und gar auf die Seite Ihrer Tochter oder Ihres Sohnes zu schlagen und den Ex-Schwiegersohn oder die Ex-Schwiegertochter in Bausch und Bogen zu verdammen verbittet sich jedoch (höchstens, es geschieht in Ihren Gedanken). Warum? Weil er der Vater oder sie die Mutter Ihrer Enkelkinder ist und dies ein Leben lang auch bleibt. Damit aber ist er oder sie zugleich ein wichtiger Bezugspunkt für Ihre Enkelkinder, den sie nicht zerstören dürfen – es sei denn, sie nähmen Identitätsprobleme Ihrer Enkelkinder billigend in Kauf.

› Dies gilt besonders bei Enkelkindern, die sich während der Trennung ihrer Eltern in der Pubertät befinden. Hier ist es besonders wichtig, genau abzuwägen, was Sie über die ehemalige Beziehung der Eltern und über einzelne Elternteile sagen. Kinder neigen nach einer Trennung zu Selbstvorwürfen. Geben Sie Ihnen deshalb nicht noch mehr Grund dazu, an sich selbst zu zweifeln, sondern unterstützen Sie sie vielmehr dabei, die Situation zu verarbeiten. Beantworten Sie ihre Fragen, sprechen Sie dabei möglichst ruhig und sachlich und hüten Sie sich vor harten Urteilen.

Enkelkinder in einer Patchworkfamilie

Sie kennen Patchworks? Das sind Flicken- oder Fleckenteppiche, die aus verschiedenen, zum Teil unterschiedlich großen Teilen in verschiedenen Formen und Farben zusammengesetzt sind. Diesen englischen Begriff wendet die Sozial- und Familienforschung seit einigen Jahren auf neu entstandene, quasi zusammengewürfelte Familien an. Hierbei stammen die Kinder zumindest eines Lebenspartners aus einer früheren Verbindung mit einem anderen Partner. Die Lebenspartner, die jetzt mit Kindern in einem gemeinsamen Haushalt leben, haben also Nachwuchs aus früheren Verbindungen und dazu eventuell gemeinsame Kinder.

Gut 15 Prozent aller Kinder unter 14 Jahren, so zeigt die Statistik, leben in Deutschland heute in einer sogenannten Patchworkfamilie. Dabei existieren nicht wenige Familien, in denen sowohl die Partnerin als auch der Partner jeweils eigene Kinder aus einer früheren Beziehung mit in die neue Verbindung gebracht haben und noch gemeinsamer Nachwuchs dazugekommen ist. Das bedeutet: Jedes Kind aus einer früheren Verbindung hat, vorausgesetzt alle Angehörigen sind noch am Leben, zumindest *drei* Großelternpaare!

Rechnen Sie nach: Markus und Tina sind Lebenspartner, die eine Patchworkfamilie gegründet haben. Markus bringt Tom und Sabine mit in den Haushalt, Tina ihre Tochter Ruth; und beide gemeinsam sind die leiblichen Eltern von Samuel, der vor Kurzem geboren wurde. In der Familie leben also vier Kinder: Tom, Sabine, Ruth und Samuel.

› Tom und Sabine haben als leibliche Geschwister zunächst jeweils zwei Großelternpaare: die Eltern ihres Vaters Markus und dessen geschiedener Frau Hannelore. Die Eltern ihrer »Stiefmutter« Tina kommen jetzt noch hinzu. Damit haben Tom und Sabine jeweils drei Großmütter und drei Großväter!
› Ruth ergeht es ebenso. Sie hat zunächst zwei Großelternpaare: die Eltern ihrer Mutter Tina sowie ihres geschiedenen Mannes Horst, der ihr leiblicher Vater ist. Dazu kommen jetzt die Eltern ihres »Stiefvaters« Markus. Macht summa summarum ebenso drei Großmütter und drei Großväter.
› Der kleine Samuel hingegen hat die überschaubarsten Verhältnisse: zwei Opas und zwei Omas – die Eltern seines Vaters Markus und seiner Mutter Tina.

Was bedeutet eine solche Konstellation für Sie als Großmutter oder Großvater? Sehr viel! Wenn sich Ihre Tochter oder Ihr Sohn von Ihrem bisherigen Schwiegersohn bzw. von Ihrer früheren Schwiegertochter getrennt hat, lebt sie oder er nun in einer neuen Beziehung mit zumindest einem Kind, das nicht blutsverwandt mit Ihnen ist und formal also nicht zur eigenen Familienlinie zählt. Nicht wenige Großeltern neigen deshalb vielleicht dazu, zwischen den Enkelkindern Unterschiede in ihrer Wertschätzung und Zuwendung zu machen. »Immerhin haben die ja auch ihre eigenen Großeltern«, mögen sie (muffig) denken, »und wir sind doch nicht dazu verpflichtet, fremde Enkelkinder mit den gleichen Gefühlen zu behandeln wie unsere eigenen.« Im Grundsatz haben Sie ja Recht, falls Sie so denken. Und wenn die »Jungen« heutzutage auch so verrückt sind, ihr Leben nach den Mustern eines Flickenteppichs zu organisieren, müssen Sie das ja noch lange nicht gutheißen. Natürlich. Selbstverständlich. Und trotzdem ... Die Zeiten ändern sich, und Sie können sie nicht aufhalten. Was früher unmöglich schien, skandalös und verwerflich, unnatürlich gar, ist heute doch offensichtlich nicht mehr so unmöglich. Denken Sie daran: Beinahe jedes sechste Kind in Deutschland lebt heute in einer solchen Familie.

Falls Sie also selbst mit dieser Situation konfrontiert sind, gibt es einige Dinge, die Sie nach Möglichkeit berücksichtigen sollten:

› Versuchen Sie, die Entscheidung Ihres Kindes für eine Trennung zu akzeptieren. In den meisten Fällen liegen gute und triftige Gründe vor.
› Denken Sie bitte daran, dass die Stabilität einer Patchworkfamilie sehr stark von der emotionalen Stabilität und Offenheit der darin lebenden Kinder abhängt. Vor allem die Kinder müssen möglichst reibungslos mit dieser Situation zurechtkommen – auch Ihre eigenen Enkelkinder. Dazu gehört, dass sie sich an neue Geschwister gewöhnen sollen. Helfen Sie Ihren Enkelkindern dabei!

› Und versuchen Sie, ein zusätzliches Großelternpaar nicht als Konkurrenz in der Beziehung zu Ihren leiblichen Enkelkindern zu empfinden, sondern als Bereicherung.

SPIEL UND SPASS MIT ENKELKINDERN

Ideen für Spiele im Haus

Kinder wollen beschäftigt werden. Das gilt besonders für nasse und kalte Tage, wenn niemand gerne vor die Tür geht. Was tun? »Mensch ärgere dich nicht« oder »Verstecken« spielen? Das ist ja ganz nett, unterhält die Kleinen eine Zeit lang lang gut und vertreibt die Langeweile. Aber es gibt auch Interessanteres, beispielsweise Ratespiele, die alle Sinne Ihrer Enkelkinder schulen. Die folgenden Ratespiele sind besonders für Kinder im Vorschulalter geeignet. Ihre Enkel können damit aber zum Teil auch noch bis zum Alter von etwa sieben Jahren mit Ihnen zusammen Spaß haben.

Der Klangzirkus

Für dieses Spiel, das für Kinder im Vorschulalter geeignet ist, benutzen Sie entweder einen Kassettenrekorder mit Mikrofon und stellen sich selbst eine CD an Ihrem Heimcomputer zusammen, oder Sie kaufen einen fertigen Tonträger. Mehr Freude wird es Ihnen vermutlich machen, wenn Sie den Tonträger selbst gestalten. Hierfür haben Sie verschiedene Möglichkeiten:

1. Tierstimmen: Sie nehmen die Laute unterschiedlicher Tiere auf, zum Beispiel von Kuh, Hund, Katze, Schwein,

Ziege, Schaf, Vogel, Hummel, Elefant oder Löwe, und zwar in längeren Sequenzen (nicht zu kurz aufeinanderfolgend).

2. Straßengeräusche: Sie bannen die Geräusche des Straßenverkehrs auf den Tonträger – ein vorbeifahrendes Auto, ein schwerer Lastwagen, Motorrad oder Moped, Straßenbahn, ein hupendes Auto, Polizei und Feuerwehr (bei einem Fahrrad hört man höchstens die Klingel).

3. Musikinstrumente: Sie nehmen einige Instrumente auf: Gitarre, Klavier, Mundharmonika, Geige, Ziehharmonika, Flöte, Trommel, Kontrabass etc.

In jedem Fall – je nach Alter Ihrer Enkelkinder können Sie natürlich zwischen unterschiedlichen Schwierigkeitsgraden variieren – muss nun geraten werden, welches Tier, welches Fahrzeug oder welches Musikinstrument das Geräusch hervorbringt. Es gibt Kinder, die vom Klangzirkus nicht genug bekommen können und es lieben, anhand der unterschiedlichen Klänge in einer immer kürzeren Reihenfolge immer schneller zu erraten, wer oder was ein Geräusch erzeugt. Wenn mehrere Kinder einer ungefähr gleichen Altersstufe zusammen sind, kann ein lustiger Wettbewerb daraus gemacht werden. Dann ist es amüsant, wenn die Kinder versuchen, sich mit ihren Antworten gegenseitig zu überbieten.

Eine zusätzliche Variante bringen Sie ins Klangzirkus-Spiel, wenn Sie noch Bilder hinzunehmen, die einem Geräusch richtig zugeordnet werden müssen. Und das geht so: Ein Geräusch erklingt, beispielsweise von einem Motorrad. Jetzt muss Ihr Enkelkind aus einer ganzen Reihe von Spielkarten (zu empfehlen ist die Größe von Memory-Karten) wählen, zu welchem Gegenstand oder Tier das eben gehörte Geräusch gehört. Hat es den Klang richtig bestimmt und dazu ein Bild korrekt zugeordnet, darf es die Karte behalten. Für ältere Kinder und Fortgeschrittene: Wer am schnellsten reagiert und am meisten Karten sammelt, gewinnt.

Das Klangbewegungsspiel

Auch das ist ein Spiel, das die Sinne von Kindern im Vorschulalter oder in den untersten Jahrgangsstufen schult – und zwar den Hörsinn. Zudem wird die Reaktionsfähigkeit Ihres Enkelkindes getestet. Die Vorgehensweise ist denkbar einfach: Sie nehmen ein Instrument, auf dem Sie – je nach eigenem Geschick – klar und eindeutig bestimmte Töne wiedergeben können, oder aber ein kleines Kinderxylofon. Jetzt wählt jedes Kind, das mitspielt, einen ganz bestimmten Ton aus einer Reihenfolge aus, die Sie vorgeben, zum Beispiel aus der C-Dur-Tonleiter. Die Kinder setzen sich in einer Reihe auf Stühle oder auf den Fußboden. Sobald der Ton erklingt, den sich ein Kind ausgesucht hat, darf es aufspringen und sich melden. Je nachdem, wie schnell Sie die Töne anspielen und Tonfolgen präsentieren, kann das ein lustiges Durcheinanderrufen geben.

Der Zauberwürfel

Für Kinder im Vorschulalter ist dieses reizvolle und unterhaltsame Spiel geeignet, das den Tastsinn, das Kombinationsgeschick und das räumliche Vorstellungsvermögen der Kleinen herausfordert!

Dazu bekleben Sie einen stabilen Pappkarton oder eine große Geschenkbox mit bunter Folie oder Papier. Ihrer Phantasie sind dabei keine Grenzen gesetzt! Die Box sollte ein Kantenmaß von ungefähr vierzig Zentimetern haben. In die Mitte einer Würfelseite schneiden Sie mit einem Teppichmesser eine Öffnung, die nicht größer als die maximale Breite einer Kinderhand sein sollte. Wenn Sie es ganz genau nehmen wollen, dann verstärken Sie die herausgeschnittene

Öffnung mit Klebestreifen und befestigen daran einen breiten Streifen Tuch, Stoff oder stabiles Krepppapier, den bzw. das Sie nach innen in die Box stülpen. Dann kann auch das schärfste Kinderauge nicht erkennen, was sich im Zauberwürfel befindet. Jetzt müssen sich die Kinder umdrehen und ein bisschen warten. In der Zwischenzeit legen Sie einen Gegenstand in die Zauberbox, den das Kind, das an der Reihe ist, betasten muss und erraten soll. Wählen Sie – je nach Alter – keine allzu schwer zu erratenden Gegenstände aus, sondern Dinge, die Ihr Enkelkind kennt und mit denen es vielleicht täglich selbst umgeht (beispielsweise ein kleines Stofftier, eine Puppe, ein Spielzeugauto etc.). Der Schwierigkeitsgrad kann natürlich beliebig gesteigert werden. Interessant sind Gegenstände mit charakteristischen Formen und Oberflächen, zum Beispiel ein Tischtennisball oder Ähnliches.

Stille Post

Hierzu sollten die Kinder bereits die Schule besuchen, selbst wenn es sprachbegabte Kinder gibt, die auch schon vor ihrem ersten Schultag mitspielen können.

Die Kinder setzen sich in einer Reihe nebeneinander hin. Jetzt denkt sich das erste Kind ganz links in der Reihe einen kurzen Satz aus (je älter die Kinder sind, desto komplizierter darf der Satz sein) und flüstert ihn dem neben ihm sitzenden Kind ins Ohr. Dieses gibt das Gehörte an den Nachbarn weiter, und so weiter. Das letzte Kind schließlich sagt laut die stille Post, die bei ihm angekommen ist. Lustig, wie oft die Bedeutung eines Satzes verdreht wird!

Kalt und Heiß

Dieses Spiel eignet sich für Kinder ab drei Jahren. Hier muss ein Spieler einen Gegenstand finden, der zuvor heimlich im Zimmer versteckt wurde, zum Beispiel eine Socke oder ein Stofftier. Dafür muss er kurz aus dem Raum gehen und darf erst nach kurzer Zeit wieder hereinkommen. Die anderen Spieler helfen dem suchenden Kind jetzt, den Gegenstand zu finden, mit Hinweisen wie »kalt«, wenn es vom Versteck des Gegenstands weit entfernt ist, über »warm«, wenn es näher herankommt, bis »heiß«, wenn es ganz nahe am Versteck ist.

Reise nach Jerusalem

Dieses Spiel, das Kinder durchschnittlich vom vierten Lebensjahr an spielen können, schult ihre Reaktionsfähigkeit und kann sowohl im Haus als auch im Freien gespielt werden. Dabei stellen Sie eine Anzahl von Stühlen mit der Sitzfläche nach außen im Kreis auf – und zwar einen Stuhl weniger, als Kinder mitspielen. Jetzt starten Sie eine Musik, und alle Kinder laufen so lange im Kreis um die Stühle herum, bis die Musik plötzlich angehalten wird. Jedes Kind muss nun möglichst schnell einen Sitzplatz ergattern. Wem das nicht gelingt, der scheidet aus. Dann nehmen Sie einen Stuhl aus dem Kreis weg, und das Spiel beginnt von Neuem – so lange, bis schließlich nur noch ein einziger Stuhl übrig ist und der Sieger darauf sitzt. Dieser darf als Nächster die Musikanlage bedienen.

Ideen für Spiele im Freien

Wenn das Wetter schön ist und Sie eventuell über ein eigenes oder ein angemietetes Gartengrundstück verfügen, bieten sich viele Möglichkeiten, Ihre kleineren Enkelkinder zu unterhalten. Auch die folgenden Spiele im Freien schulen die Sinne und die Geschicklichkeit und sind besonders gut für Kindergeburtstage geeignet.

Armer schwarzer Kater

Dieses Spiel ist gut für kleinere Kinder geeignet. Dabei sitzen mehrere Kinder in einem Kreis, und eines spielt den schwarzen Kater. Dieser krabbelt zu einem Mitspieler, den er sich ausgesucht hat, und beginnt zu miauen, zu fauchen und den Mitspieler mit seiner Pfote zu stupsen. Ziel des schwarzen Katers ist es, das andere Kind zum Lachen zu bringen – und eben das soll dieses vermeiden. Falls es das nicht kann, wird es selbst zum schwarzen Kater und muss nun versuchen, andere zum Lachen zu bringen.

Blinde Kuh

Natürlich, die blinde Kuh – ein altbekanntes Spiel, das Sie auch schon mit manchem ganz Kleinen spielen können. Achten Sie aber bitte darauf, dass keines der Kinder Angst davor hat, sich die Augen verbinden zu lassen. Jetzt stecken Sie vier Fähnchen in die Erde oder begrenzen anderweitig ein Quadrat von vielleicht drei auf drei Metern. Dem Kind, das zuerst die blinde Kuh ist, werden die Augen mit einer Binde oder einem Tuch verbunden. Es muss versuchen, ein anderes Kind innerhalb des von Ihnen begrenzten Areals zu berühren. Schafft es das, ist das andere Kind die neue blinde Kuh. Weicht ein Kind über die eingezogenen Grenzen aus, ist es ebenso die blinde Kuh.

Häschen, piep mal!

Ein schönes und lustiges Ratespiel für Kleinere! Dabei setzen sich die Mitspieler auf Stühle, die zu einem kleinen Kreis angeordnet sind. Ein Kind steht in der Mitte des Kreises und muss raten. Die anderen Kinder setzen sich, und der Rater merkt sich ihre Plätze. Dem Rater werden die Augen verbunden und er wird mehrere Male um die eigene Achse gedreht. Jetzt tastet er sich zu einem Stuhl, auf dem ein Mitspieler sitzt, setzt sich diesem auf den Schoß und fordert ihn auf, mal zu piepen. Erkennt er den Mitspieler und nennt den richtigen Namen, ist dieser der Rater. Sonst geht es in eine neue Runde.

Schneller Hans

Unter diesem Namen ist ein Spiel bekannt, das zu einem vergnügten Wettbewerb zwischen mehreren Kindern ausgebaut werden kann. Stellen Sie sich einen kleinen Kurs oder Parcours mit mehreren Stationen vor, den Sie im Garten aufbauen und durch den Sie die Kinder nacheinander schicken. Die Stationen sind, dem Alter der Kinder entsprechend, jeweils nur einige Meter voneinander entfernt. Sie benötigen eine einfache Stoppuhr, um die Zeit zu messen. Und dann kann's losgehen!

Am Startpunkt erhält jedes Kind einen Esslöffel und ein hrtgekochtes Ei. Jetzt wird das Ei auf den Löffel gelegt, und das Kind muss das Ei möglichst bis zur nächsten Station balancieren, ohne es fallen zu lassen (die erste Übung kann auch mit einer Tasse voll Wasser gemacht werden). Hier, an Station 2, nimmt jedes Kind eine Anzahl von Bauklötzchen in Empfang, die zu einem kleinen Turm aufgebaut werden.

Allerdings darf hier nur das unterste Klötzchen angefasst werden und das Türmchen muss möglichst unfallfrei zu Station 3 gebracht werden. Und jetzt geht es noch zum Sackhüpfen: Jedes Kind streift sich einen Jutesack bis zur Hüfte über und hüpft schnell – und möglichst ohne zu fallen – bis zu Station 4, dem Endpunkt des Parcours. Gewinner ist das Kind, das alle Aufgaben am schnellsten bewältigt hat.

Der Fischer

Ein ganz altes Spiel, das sich für Kinder ab etwa dem vierten Lebensjahr eignet und das Ihnen und Ihren Enkelkindern bestimmt großen Spaß machen wird! Hier wird eine Start- und Ziellinie festgelegt. Je nach Alter der Kinder sollte das so begrenzte Areal drei bis maximal zehn Meter lang sein. Der Raum zwischen Start und Ziel stellt einen Fluss dar.

Ein Kind spielt den Fischer. Dieser postiert sich hinter die Ziellinie. Alle anderen Kinder nehmen ihm gegenüber hinter der Startlinie Aufstellung. Jetzt rufen die Kinder an der Startlinie: »Fischer, Fischer, wie tief ist das Wasser?« Der Fischer denkt sich eine Wassertiefe aus, zum Beispiel fünf Meter. Daraufhin rufen die Mitspieler: »Und wie kommen wir da rüber?« Jetzt denkt der Fischer nach und dann antwortet er zum Beispiel: »Ihr müsst auf einem Bein hüpfen!« – Er könnte auch sagen: laufen, kriechen, krabbeln, auf allen vieren gehen, rückwärts, mit besonders großen Schritten oder mit Trippelschritten gehen. – Sobald er gesagt hat, wie die anderen Kinder die Ziellinie erreichen müssen, geht es los. Dabei kommt der Fischer, der sich auf dieselbe Art fortbewegen muss, den anderen Kindern entgegen und versucht, möglichst viele von ihnen zu fangen, das heißt zu berühren. Die gefangenen Kinder müssen mit dem Fischer hinter die Startlinie, wohingegen sich die noch freien Kinder hinter der Ziellinie aufstellen. Jetzt geht es in eine neue Runde, und auch die Kinder, die schon vom Fischer gefangen wurden, versuchen nun, die anderen zu fangen. Das geht so lange, bis das letzte Kind gefangen wurde. Dies ist jetzt der neue Fischer.

Topfschlagen

Bei diesem Spiel, das Sie schon mit Kindern vom dritten Lebensjahr an spielen können, werden einem Kind die Augen verbunden, und ein Topf wird mit der Öffnung nach unten in einiger Entfernung auf den Boden gelegt. Darunter legen Sie eine kleine Süßigkeit wie Gummibärchen oder Ähnliches. Dann bekommt das Kind einen Kochlöffel in die Hand, mit dem es auf den Boden schlagen kann und so irgendwann den Topf trifft. Die mitspielenden Kinder helfen dem Kind mit Hinweisen wie »kalt« oder »warm«, den Topf schnell aufzuspüren.

Ideen für Basteleien

Eine schöne Unterhaltung für Ihre Enkelkinder und auch viel Spaß für Sie selbst garantieren schöne Basteleien. Trauen Sie dabei auch kleineren Kindern etwas zu! Kaum etwas erfüllt Ihre Enkelkinder derart mit Stolz und Befriedigung wie, selbst etwas zu gestalten. Gebastelt werden kann, je nach Alter und Geschick der Enkelkinder, mit vielen Materialien: mit Papier, Bunt- und Tonpapier, Pappkarton, mit Textilien, mit Filz, Leder, Holz oder Wachs.

Arbeiten mit Pappmaschee

Immer eine prima Idee ist es, eine selbst ausgedachte, einem Märchen oder einem Film nachempfundene Figur zu gestalten. Und das geht mit Pappmaschee besonders gut. Dieses Material fordert und fördert in besonderem Maß die Geschicklichkeit und das Vorstellungsvermögen von Kindern und verbindet das mit gestalterischen Ideen und purem haptischen Vergnügen.

Und mit einer kleinen Investition in etwas Material lässt sich ganz Erstaunliches leisten! Sie benötigen vor allem einige alte Zeitungen (Zeitschriften eignen sich nicht so gut, da das Papier meist dicker und durch eine stärkere chemische Behandlung steifer ist), Tapetenkleister, verschiedene farbige Servietten, einen oder mehrere Luftballons, eine Papierschere, mehrere dicke Filzstifte in verschiedenen Farben, einige Fetzen Stoff und ein wenig rote Strickwolle.

Jetzt kann's losgehen: Die Zeitungsseiten werden herausgerissen und mit der Schere in viele und möglichst kleine Streifen und Schnipsel geschnitten. Dann wird der Tapetenkleister angerührt – nicht zu flüssig und nicht zu steif, damit er gut zu verarbeiten ist. Wenn Sie einen großen Suppentopf oder einen Wok zur Verfügung stellen (keine Sorge, beide lassen sich nach der Bastelei unter fließend warmem Wasser leicht wieder reinigen), können Ihre Enkelkinder nun mit bloßen Händen Figürliches kneten, indem sie die Zeitungsschnipsel in den Kleister rühren und beides zu einer zähen Masse, dem Pappmaschee, verdicken. Dabei dürfen die Kinder nach Herzenslust manschen und ihrer Phantasie freien Lauf lassen. Sie können aber auch eine (je nach Alter der Kinder) einfache oder komplizierte Figur vorgeben.

Angenommen, Sie wollen den Kobold Pumuckl nachbilden, der in der Schreinerwerkstatt von Meister Eder sein Unwesen treibt: Dann lassen Sie Ihre Enkelkinder ihre Figur nach Pumuckls Vorbild arbeiten, das auf einem Plattencover oder Buch zu sehen ist. Dazu wird ein großer Luftballon aufgeblasen (das wird der Kopf) und vorsichtig mit Pappmaschee betupft. Sobald die erste Lage fertig und vom Luftballon nichts mehr zu sehen ist, sollte der Kopf kurz trocknen, damit die Ummantelung fest wird. Dazu föhnen Sie ihn vielleicht ein bisschen, da viele Kinder ungeduldig auf die Fortsetzung ihres Werks warten. Mit der zweiten Schicht aus Kleister und Zeitungsschnipseln können schon farbige Servietten vermischt werden, zum Beispiel für eine gelbe oder orangerote Gesichtsfarbe.

Als Nächstes wird ein kleinerer Luftballon ummantelt, der den Körper darstellen soll. Auch ihn sollten Sie nach dem Aufbringen der ersten Lage kurz anföhnen und erst danach eine zweite und gegebenenfalls sogar dritte Schicht aufbringen.

Der Hals sowie die Arme und Beine des Geisterwesens werden entweder freihändig und ganz aus Pappmaschee oder mithilfe von gurken- oder bananenförmigen Luftballons in der passenden Größe geformt. Die gibt es auch zu kaufen. Wichtig sind die großen Füße des Kobolds, die je nach Geschick der Kinder (und Ihrer eigenen Geduld) mit feingliedrigen Zehen versehen werden können.

Sind Arme, Beine, Körper und Kopf fest miteinander verbunden (benutzen Sie zur Sicherheit zusätzlich ein wenig Papierkleber), geht es an die Feinarbeiten. Farbige Servietten werden erneut angesetzt, um mit einer letzten Schicht Bauch, Arme und Beine verschiedenfarbig zu gestalten. Dann werden aus ein bisschen Stoff große, runde Knöpfe für Pumuckls Weste geschnitten und aufgeklebt. Sobald die Pappmaschee-Figur vollends trocken und genügend steif ist, kann der Gürtel für seine Hose mit dicken Filzstiften aufgemalt werden.

Den größten Spaß macht es, wenn zum guten Schluss der Kopf möglichst lebensecht gestaltet wird: ein dickes feuerrotes Wollbüschel für die Borstenhaare, zwei große Segelohren aus Pappmaschee am Kopf, eine kleine Stupsnase, zwei große blaue Knöpfe aus Omas Nähkästchen für die Augen und ein frecher, mit Filzstiften aufgemalte, Mund.

Schön, wenn so eine Figur fertig ist! Spielen kann man zwar nur vorsichtig damit, aber man kann sie immer betrachten und sie an einem schönen Platz im Regal aufstellen. Vor allem aber: Sie ist selbst gemacht!

Party mit Oma und Opa

Viel Freude können Sie Ihren Enkelkindern mit einer Geburtstagsparty machen, die unter ein bestimmtes Motto gestellt wird. Danach werden die passenden Geschenke, die Dekoration und Essen und Trinken ausgesucht. Orientieren Sie sich bei der Mottowahl an den Vorlieben Ihres Enkelkinds: Liest es oder hört es gerne von Piraten, Cowboys, Indianern, Rittern, Zauberern oder Prinzessinnen? Dementsprechend kann eine Piraten-, Cowboy-, Indianer-, Ritter-, Zauberer- oder Prinzessinnen-Party gestaltet sein!

Das Hexenfest

Bei der Vorbereitung eines Hexenfestes dürfen Sie selbst auch ruhig wieder ein bisschen kindisch oder kindlich sein: Schon die Einladungen sind verhext. Dazu schreiben Sie – oder Ihr Enkelkind selbst – Einladungen mit Zitronensaft. So wird die Schrift erst unter dem Bügeleisen sichtbar. Garnieren lässt sich die Einladungspost mit ein wenig Rosmarin oder anderen Küchenkräutern, auf die sich kleine Kräuterhexen ja gut verstehen.

Auch die Dekoration muss passen: Vieles aus der Natur ist angesagt – Kräuterbüschel, Bucheckern, Kastanien, Tannenzapfen, ein wenig Moos, einige Flechten und Baumpilze usw. Diese natürlichen Dekorationen können Sie über den Esstisch streuen. Dazu geben kleine Hexenbesen, die Sie leicht aus Holzstäbchen, ein bisschen Stroh und Bindfaden selbst basteln können, zusätzliche Atmosphäre. Eventuell treiben Sie auch Gläser, Tassen und Teller mit Hexenmotiven auf.

Wenn so ein Hexengeburtstagsfest in der wärmeren Jahreszeit stattfindet, bietet sich als »Location« natürlich ein Grillplatz oder der eigene Garten an. Hexen tanzen ja gerne um ein offenes Feuer, das Sie natürlich unter Kontrolle halten müssen. Zumindest aber speisen Hexen gerne gemeinsam aus einem großen Topf. Deshalb könnten Sie ein kleines Grillfest veranstalten oder einfach einen großen Eintopf zubereiten, der (unter strenger Aufsicht) auf einer offenen Flamme steht. Zu trinken muss es selbstverständlich ein reichlich magisches Gebräu geben: bunte Teesorten, giftgrüne Limonade oder tiefroten Kinderpunsch. Wichtig ist jedenfalls eine auffallende Farbe des Zaubertranks.

Die Spiele bei dieser Art von Geburtstagsparty haben selbstverständlich alle etwas mit der Hexerei zu tun. Vielleicht engagieren Sie einen Zauberer, der die kleinen Gäste mit allerlei Tricks verblüfft, oder Sie veranstalten selbst ein Zauberprogramm? Als schöne Abrundung der Party können Sie kleine Geschenke wie Hexenbücher, CDs oder Kräutertöpfe vergeben.

GEMEINSAM KOCHEN, BACKEN – UND SCHNABULIEREN

Die schönsten Erlebnisse und Erinnerungen mit ihren eigenen Großeltern verbinden viele Erwachsene mit dem Essen. So seltsam das auf den ersten Blick anmuten mag, so richtig ist es doch. Wenn Großmutter kocht und backt, häufig noch nach völlig anderen als den heute bekannten Rezepten, oft auch mit natürlicheren Zutaten, vor allem aber mit dem Erfahrungsschatz vieler Jahrzehnte – dann läuft vielen Enkelkindern das Wasser im Munde zusammen. »Bei Oma schmeckt es einfach besser«, hört man dann und wundert sich vielleicht ein wenig darüber, dass die Kurzen in Omas Küche kaum etwas dabei finden, genau das mit Lust und Wonne zu vertilgen, was sie zu Hause bei den Eltern verachten und verschmähen: Obst, Gemüse und selbst Salate. Kunststück, wenn Sie als Großeltern einen eigenen Garten haben: Tomaten, Gurken, Salate, Kräuter, Äpfel, Birnen und Pflaumen, aber auch Erd-, Him-, Stachel-, Johannis- und Brombeeren schmecken aus dem eigenen Anbau um vieles leckerer als gekauftes Obst und Gemüse aus dem Lebensmittelladen. Aber selbst wenn Großeltern in der Stadt wohnen, haben sie häufig eine andere Einstellung und einen anderen Bezug zum Essen als die »Jungen«: Genussvoll zu speisen bedeutet für sie eine angenehme Unterbrechung des Tages, da sie meist nicht mehr zwischen Terminen hin- und herhetzen müssen. Mehr noch: Frühstück, Mittagessen, Kaffee oder Tee am Nachmittag und das Abendbrot strukturieren

den Tagesablauf, wohingegen die Mahlzeiten bei Erwerbstätigen oft automatisch und ohne viel Aufhebens eingenommen werden. Sie dienen dazu, sich die benötigten Nährstoffe zuzuführen, die die Arbeitskraft erhalten.
Wie wichtig es aber ist, sich gesund zu ernähren, das zeigt die Übergewichtigkeit vieler Kinder, und auch die vielfältig in Erscheinung tretenden Essstörungen weisen darauf hin.

Geliebte Leibspeisen

Ja, Liebe geht wirklich eben oft durch den Magen! Großmütter wissen das und haben häufig noch die alten Rezepte parat, nach denen aus Zeitmangel in der modernen Küche nur noch selten gekocht wird. Köstliche und aufwendig zu bereitende Sonntagsbraten beispielsweise – Rind, Schwein oder Wild. Und das, hmm!, mit einer selbst gemachten Sauce aus dem Bratensaft (und nicht aus der Tüte). Oder eine dampfende und herrlich duftende Gans im Bräter, eine Ente vom Bauernhof im Rohr – vielleicht sogar mit böhmischen Knödeln. Oder die verführerischen Mehlspeisen aus Süddeutschland und Österreich: Dampfnudeln in Vanillesauce oder mit Karamellpudding, Germknödel (mit feiner Mohnfüllung) oder Rohrnudeln mit Pflaumen oder Kirschen im Teigbauch …

Zugegeben, diese Leibspeisen sind allesamt Kalorienbomben. Wenn Großeltern zugleich aber auch für die nötige Bewegung ihrer Enkelkinder sorgen und sie regelmäßig an die frische Luft und zum Fußballspielen schicken, müssen sie sich überhaupt keine Gedanken um die Folgen von Braten, Knödeln, Teig und Nudeln machen. Sie können sie gerne für Ihre Enkelkinder kochen.

Gesunde Küche

Obwohl es, wie gesagt, bei Oma oft besser schmeckt, stehen auch Großeltern in der heutigen Zeit im Wettbewerb mit Fast-Food-Ketten & Co. Deshalb genügt es oft nicht, sich auf die eigenen Koch- und Backkünste zu verlassen – Fast Food und alles drum herum fasziniert Kinder einfach. Trotzdem gibt es Mittel und Wege, den schnellen Verführern manches Schnippchen zu schlagen.

Zum einen ist es gut zu wissen, dass bei keiner anderen Altersgruppe als bei Kindern der Satz: »Das Auge isst mit!« solche Richtigkeit hat. Dabei geht es nicht unbedingt um Appetitliches, sondern um Auffälliges und Attraktives. Wenn Ihre Enkelkinder also zu wenig Gemüse und Obst essen, dann probieren Sie es doch einmal mit sanfter Bestechung durch die farbliche Gestaltung von Gerichten! Ein grellbunter Obstsalat beispielsweise, der aus klein geschnittenen Apfelstücken (grün und rot), aus Birnen (grün), Mandarinen (gelb), Kiwi (grün), Bananen (gelb) und Rosinen (rotbraun) besteht, schmeckt nicht nur gut und ist voller Vitamine, sondern er sieht auch noch schön aus. Viel lieber wird so ein Obstsalat übrigens verzehrt, wenn ein bisschen Magerquark (dann ohne Kiwi!) mit auf den Teller kommt.

Ebenso verhält es sich mit einer Gemüsesuppe, die aus fein geschnittenen Kartoffeln, Kohlrabi und Karotten besteht und die mit Schnittlauch, Petersilie und Zitronenmelisse angereichert wird. Auch damit wurde schon manches Kind zum Gemüseessen verführt.

In beiden Fällen übrigens – Obstsalat und Gemüsesuppe – macht es vielen Kindern ungeheuren Spaß, die Speisen gemeinsam mit den Großeltern vorzubereiten und anzurichten. Ein Holzbrett und ein (nicht zu scharfes!) Messer genügen, und schon geht es ans Zerteilen und Zerschneiden von Äpfeln, Bananen oder Karotten. Falls Sie bei den kleinen Schleckermäulchen damit keinen Erfolg haben sollten, können Sie natürlich auch zu Trick 17 greifen: Gemüse fein pürieren und es in einem Eintopf mit Würstchen oder in einem Auflauf verstecken!

Das gemeinsame Backerlebnis

Ein Erlebnis für Kinder ist gemeinsames Backen. Machen Sie es für die Kleinen aber nicht so schwer und backen Sie zunächst nach einfachen Rezepten, z. B. einen Rührkuchen. Verzichten Sie auf so komplizierte Angelegenheiten wie einen Hefeteig. Er wird ja meist als Vorteig angesetzt und muss »gehen«. Dabei wird den Kindern schnell langweilig, und sie verlieren das Interesse. Greifen Sie stattdessen zu Kuchen auf Rühr- und Mürbeteigbasis, der rasch fertig ist. Viel Zeit sollten Sie hingegen auf die Verzierungen der Kuchen verwenden und immer Schokostreusel, Liebesperlen, verschiedene Güsse und Überzüge und allerlei Krokant- und Zuckerware im Vorratsschrank haben. Süßes wird selbstverständlich in Maßen genossen und die Teigschüssel mit dem Finger, niemals aber mit dem Löffel ausgeschleckt.

MIT ENKELKINDERN UNTERWEGS

Für viele Großeltern ist es einfach das Größte, einmal mit den Enkelkindern alleine in die Ferien zu fahren. Keiner stört das traute Verhältnis, nicht der Papa, nicht die Mama, und Oma und Opa können nach Herzenslust ihrer ganz besonderen Beziehung zum Enkelchen frönen. Warum das so besonders schön ist? Wahrscheinlich, weil Oma und Opa, die alles schon hinter sich gelassen haben – Geburt und Erziehung der eigenen Kinder, Nöte und Probleme mit Schule und Ausbildung usw. –, noch einmal in die Rolle von Eltern schlüpfen dürfen. So als ob die Jahrzehnte zurückgedreht würden, allerdings mit dem ausschließlichem Recht auf Genuss, Spaß und Freude!

Wo viel Freude ist, ist allerdings auch viel Verantwortung. Deshalb sollten Sie sich als Großeltern, bevor es auf einen Ausflug oder gar auf die große Reise geht, mit allen Umständen und Eventualitäten vertraut machen, die unversehens auf Sie zukommen könnten. Bedenken Sie: Es ist ein Unterschied, jeweils ein paar Stunden mit Kindern zusammen zu sein oder für ein ganzes Wochenende, vielleicht sogar für eine längere Reise in ein fremdes Land!

Tagesausflüge und Wochenendtrips

Bei kürzeren Ausflügen mit den Kleinen geht es – je nach Alter der Enkelkinder und Dauer des Ausflugs – vor allem um die richtige Kleidung, den Proviant und eine kleine Rucksackapotheke für kleinere Verletzungen.

Kleidung

Je nachdem, welches Ziel Sie mit den Enkelkindern anpeilen, müssen Sie eventuell ein paar warme Sachen einpacken – schon aus eigenem Interesse, wenn Sie nicht laufend schnatternde Zwerge wärmen wollen. Planen Sie beispielsweise einen Ausflug in die Berge, kann sich auch bei einer guten Wettervorhersage das Wetter jederzeit schlagartig ändern. Dann ist es wichtig, Anoraks zum Schutz vor Kälte und Nässe und gegebenenfalls Mützen, Schals und Handschuhe dabeizuhaben. Die kleinen Energiebündel neigen bei einem Ausflug darüber hinaus immer dazu, alles Belastende abzuschütteln. Wärmere Kleidung sollte also, falls erforderlich, nach Möglichkeit leicht, luftdurchlässig und atmungsaktiv sein. Wie wichtig es ist, immer auch Sachen zum Wechseln einzupacken, konnten Ludwig und Renate, die Großeltern des siebenjährigen Luis und seiner neunjährigen Schwester Anja, feststellen: Bei einem Wochenendausflug in die Berge entdeckten die Enkelkinder einen lustig sprudelnden Bergbach, der natürlich sofort und mit Feuereifer inspiziert werden musste. Großvater mahnte zwar zur Vorsicht, weil ihm die großen Kiesel im Wasser sehr glatt vorkamen, aber sei's drum. Die Kleinen »stellten auf Durchzug«, stürmten zum Bach – und Luis landete sofort, flach wie ein Fisch, im Wasser. Ein Vollbad im Gebirgsbach, der vielleicht 10 Grad warm war. Gut, dass Oma vorgesorgt und pro Enkel eine Extragarnitur T-Shirts, Sweatys oder Pullover, Hosen und Schuhe mit im Rucksack hatte. An einen Weitermarsch wäre sonst nicht zu denken gewesen, da Luis zitterte wie eine nasse Katze, nachdem Großvater ihn herausgezogen hatte.

Proviant

Laufen macht hungrig! Für kleine Leute müssen Sie deshalb immer etwas im Rucksack dabeihaben. Ihre Selbstdisziplin ist noch nicht so ausgeprägt wie bei Erwachsenen oder gar bei erfahrenen Tourengehern, die gerne drei oder vier Stunden am Stück unterwegs sind. Zu empfehlen sind kleine und nahrhafte Müsliriegel, die zwischendurch schnabuliert werden können. Klein geschnittenes Obst und Gemüse wie Äpfel und Möhren sind ebenfalls gut. Auf schweres Essen und Süßkram hingegen sollten Sie besser verzichten. Ganz wichtig ist, ausreichend Wasser oder Apfelsaftschorle in dazu geeigneten Trinkflaschen aus Kunststoff mitzunehmen.

Apropos Selbstdisziplin: Kinder genießen es in der Regel nicht, lange Strecken zu marschieren, besonders wenn es in die Berge geht. Legen Sie deshalb immer ausreichend Pausen ein. 15 Minuten genügen in der Regel, aber das Pausenintervall muss stimmen. Und mit interessanten Beobachtungen am Wegesrand und bei Rasten können Sie Ihre Enkelkinder auch gut bei Laune halten: So oft sich die Gelegenheit dazu ergibt, weisen Luis' und Anjas Großeltern die kleinen Ausflügler darauf hin, wie viele winzige Wesen in einer Wasserpfütze oder in einem Stückchen Waldboden leben. Sie bestimmen die Bäume und Blumen mit den Enkelkindern (zumindest die, die ihnen selbst bekannt sind) oder erzählen vom Leben der Wildtiere. »Hier, schaut mal, ein abgenagter Tannenzapfen am Boden – wer mag da wohl seine Speisekammer haben – ein Eichhörnchen, ein Reh oder eine Maus?«, fragt Opa, und: »Dort, ein Vogelruf, habt ihr gehört? Wie heißt der Piepmatz wohl?« Toll und spannend ist es auch, dass die Großeltern stets ein Fernglas bei sich tragen. Damit kann man auf einer Bergwiese auf dem Rücken liegend schön die Wolken betrachten oder einen Bussard beobachten, der da oben einsam seine Kreise zieht. Ganz selbstverständlich ist es auch, dass Luis und Anja immer einen Sack voller selbst gefundener »Schätze« mit nach Hause bringen: Kiefern- und Fichtenzapfen, besonders schön geformte und bunte Steine, Vogelfedern und mitunter sogar einen Baumpilz.

Reiseapotheke

Bei ihren Ausflügen nehmen die Großeltern, die viel Erfahrung beim Wandern und Bergwandern gesammelt haben, auch immer eine kleine Reiseapotheke mit. Wie wohltuend ist ein Pflaster an der richtigen Stelle, wenn sich ein Enkelkind zum Beispiel eine Blase gelaufen hat! Opa macht, wie er sagt, keinen einzigen Schritt ohne die kleine Mappe, in der sich Heftpflaster in verschiedenen Größen und einige Mullbinden befinden, dazu Schere, Jodtinktur bzw. eine Salbe zur Wundreinigung, ein Präparat gegen Insektenstiche, Stützverbände für verstauchte Füße und Verbandklammern. Er weiß genau, warum: Denn falls Luis oder Anja wirklich fußkrank werden sollte, dann heißt es tragen! Hopp, auf die Schultern – und immer bergab. Das würde Opa auf Dauer nur wenig Vergnügen bereiten und könnte zu bösen Verspannungen führen. Denn für fünf oder zehn Minuten sind die Kurzen ja nicht mehr als Fliegengewichte. Wer einen von ihnen aber eine halbe Stunde oder länger auf den Schulter balancieren muss, weiß genau, wie schwer sie mit der Zeit werden können. Und bei allem noch die Geräuschkulisse knapp über den Ohren, das ständige Geblubber und Geplappere – munterer als der Bergbach, in den einer kurz zuvor geplumpst ist!

Im Urlaub

Falls Sie mit Ihren Enkelkindern nicht nur einen Tag oder ein Wochenende gemeinsam verbringen, sondern für längere Zeit gemeinsam auf Reisen gehen, dann bedarf es einer guten Planung und einer intensiven Reisevorbereitung. Hierzu sollten Sie alle Gewohnheiten und Eigenheiten Ihrer Enkelkinder kennen und alle wesentlichen Dinge Ihres täglichen Bedarfs einpacken. Nur ein Beispiel: Denken Sie an die dramatischen Folgen, wenn Sie das Schnuffeltuch zu Hause vergäßen, das Ihr vier- oder fünfjähriges Enkelkind unbedingt noch zum Einschlafen benötigt! Schließlich wollen Sie sich mit Ihren Zwergen doch erholen – und nicht nach dem Urlaub erst so richtig urlaubsreif sein, oder? Machen Sie deshalb in Absprache mit den Eltern Ihrer Enkelkinder eine sorgfältige und ausführliche Liste aller Dinge und Utensilien, die Sie für sich und die Kleinen einpacken müssen.

Reisen mit dem Auto

Wenn Sie alleine oder mit Ihrem Partner oder Ihrer Partnerin im Auto unterwegs sind, tragen Sie lediglich die Verantwortung für sich und andere Verkehrsteilnehmer. Sobald Sie jedoch mit Ihrem kleinen Liebling reisen, übernehmen Sie auch dafür die volle Verantwortung! Luis' und Anjas Großeltern haben das volle Vertrauen der Eltern ihrer Enkelkinder. Trotzdem stellen Sie sich vor dem Antritt einer längeren Reise mit dem Auto immer wieder die folgenden Fragen:

› Sind wir gesund und fit hinter dem Steuer?

Haben Sie Ihre Sehkraft vor Kurzem überprüfen lassen und tragen Sie gegebenenfalls die richtigen Sehhilfen? Pardon, aber denken Sie daran, dass Sie Ihr Sehvermögen von einem Alter von sechzig Jahren an alle zwei Jahre überprüfen lassen sollten. Denn das menschliche Auge gewöhnt sich ja mit zunehmendem Alter immer schwerer an wechselnde Lichtverhältnisse und an den Wechsel zwischen Fern- und Nahsicht beim Fahren. Es wäre sehr leichtsinnig, auf die Sehüberprüfung zu verzichten!

Auch auf die eventuelle Nutzung von Medikamenten müssen Sie achten: Blutdrucksenkende Mittel, Entwässerungs- und Schmerzmittel, Cortison und Psychopharmaka können Ihre Leistungsfähigkeit und Ihr Seh- und Reaktionsvermögen hinterm Steuer erheblich beeinflussen. Achten Sie außerdem auf mögliche Wechselwirkungen mit anderen Arzneimitteln. Alkohol verbietet sich selbstredend!

Ludwig und Renate wissen, dass gesundheitliche Einschränkungen in fortgeschrittenem Lebensalter durchaus normal und keine Schande sind. Deshalb achtet Ludwig auch auf sein Hörvermögen. Das ist beim Autofahren ja von ebenso großer Bedeutung wie gutes Sehen, da er rechtzeitig die Straße frei machen muss, wenn Einsatzfahrzeuge heranfahren oder überholen wollen. Ganz allgemein sind beide Großeltern sehr fit und haben keine motorischen Einschränkungen, eventuell durch Erkrankungen des Bewegungsapparats (Knochengerüst, Muskulatur und Gelenke), die dazu führen könnten, dass das Umdrehen beim Rückwärtsfahren, der Blick über die Schulter beim Überholen oder die schnelle Bedienung von Gangschaltung und Fußpedalen erschwert werden.

› Haben wir ausreichende Fahrpraxis?

Gut ist auch, dass beide oft mit dem Auto auf Achse sind und über eine ausreichende Fahrpraxis verfügen. Ludwig zählt nicht zur Gruppe der von Vielfahrern belächelten »Sonntagsfahrer«, und wenn ihm ein älterer Knabe vorausfährt, Sie wissen schon, mit Hut über der Klopapierrolle oder dem Wackeldackel auf der Ablage, muss er selbst grinsen. Nein, er und auch seine Frau Renate fahren flott und sicher und mussten ihre Fahrkenntnis deshalb eigentlich nicht bei einem Sicherheitstraining überprüfen. Trotzdem entschieden sie, die im immer dichter werdenden Straßenverkehr plötzlich auftretenden Situationen nochmals zu üben, bevor sie mit ihren Kurzen zu einem zehntägigen Abstecher an den Gardasee aufbrachen: Bremsen, Ausweichen und Bremsen vor unvermittelt auftauchenden Hindernissen, Kurvenfahrten etc. Wer kann schon von sich behaupten, genügend Routine zu besitzen? Eigentlich niemand, mit Ausnahme derer vielleicht, die berufsmäßig unterwegs sind und mit der Fahrerei ihr Brot verdienen – Trucker also, Taxifahrer und motorisierte Pizzabote ...

Außerdem kann es niemals schaden, sich auch gedanklich mit außergewöhnlichen Situationen zu befassen, die Autofahrern auf der Reise begegnen können: schwierige Wetterverhältnisse, Nachtfahrten und Staus.

› Befördern wir die Enkelkinder richtig?

Ganz entscheidend bei Ferienfahrten mit dem Auto ist auch die richtige Beförderung der Enkelkinder. Die deutsche Straßenverkehrsordnung schreibt vor, dass Kinder, die kleiner als 150 Zentimeter sind, bis zur Vollendung des zwölften Lebensjahres ausschließlich in Kindersitzen befördert werden dürfen. Ludwig und Renate haben für die Kleinen deshalb eigene Kindersitze angeschafft, um die Sitze, die fest im Auto der Eltern montiert sind, nicht ständig aus- und wieder einbauen zu müssen. Beim Kauf orientierten sie sich an geeigneten Testurteilen und haben sich Kindersitze zugelegt, die die neueste Prüfnorm aufwiesen. Natürlich wusste Ludwig, dass der beste Platz für einen Kindersitz die Rückbank hinter dem Beifahrersitz ist, weil sich das Kind beim Ein- und Aussteigen so stets auf der Gehwegseite befindet und möglichst weit weg vom fließenden Straßenverkehr ist. Der zweite Sitz musste allerdings hinter den Fahrersitz auf die Rückbank. Beide Sitze hat Ludwig richtig montiert und die Gurte, die die Sitze mit dem Auto verbinden, möglichst straff gezogen. Denn Kindersitze dürfen keinesfalls verrutschen oder kippeln.

Als es endlich so weit war und die Abfahrt in den Urlaub kurz bevorstand, machte sich noch Renate ans Werk: Obwohl Luis und Anja zappelten und quengelten und mit roten Backen kräftiges Reisefieber und Aufregung verrieten, zog Oma bei beiden den Schultergurt jeweils über die Schulter und achtete darauf, dass die Kleinen ihn nicht unter den Arm nehmen konnten. Das schützt bei einem Unfall nämlich überhaupt nicht! Dann legte sie den Beckengurt so tief wie möglich an und überprüfte zum Schluss auch noch die Kopfstützen der Kindersitze. Die dürfen maximal jeweils bis zur Scheitelhöhe des Kopfes reichen.

Ja, Ludwig und Renate sind ein eingespieltes Team: Nachdem es nämlich endlich losging, und das Auto gen Süden rollte, übernahm Oma ihren zweiten Job und kontrollierte in regelmäßigen Abständen mit einem Blick über die Schulter, ob auf der Rückbank noch alles in Ordnung war und sich ein Enkelkind vielleicht nicht doch, ganz unbemerkt, aus den Gurten gemogelt hatte.

› Haben wir das Gepäck richtig verstaut?
Ludwig weiß, dass es dramatische Folgen haben kann, wenn lose Gepäckstücke, die bei einem plötzlichen Aufprall des Autos von hinten nach vorne fliegen, dramatische Folgen haben können. Schuld daran trägt das physikalische Gesetz der Massenbeschleunigung: Es sorgt dafür, dass ein Gramm Gewicht durch seine Fluggeschwindigkeit zu einem Kilogramm Masse werden kann. Deshalb achtet er immer darauf, dass keine losen Teile auf der Ablagefläche seines Kombis herumliegen, die sich selbstständig machen könnten. Ludwig packt nach der Devise: Schweres kommt nach unten, leichtes obenauf. Und das ist richtig so! Koffer und Taschen verzurrt er auf der Ladefläche seines Wagens, und die Lücken füllt er mit leichteren Gepäckstücken, sodass ein kompaktes Ladepaket entsteht. Dazu nutzt er auch ein Gepäcknetz, das den Lade- vom Fahrgastraum trennt. Und alles, was scharfe Kanten oder Ecken hat, darf selbstverständlich nie in den Fahrgastraum, denn Luis und Anja könnten sich an scharfen oder spitzen Gegenständen verletzen.

› CHECK 1: Ist unser Auto technisch in Ordnung?
Für Luis' und Anjas Großeltern ist es selbstverständlich, dass ihr Fahrzeug technisch und von der Ausstattung her absolut in Schuss ist. Dazu macht Opa vor jeder größeren Reise den »Rundum-Check«: Haben die Reifen noch genügend Profil? Sind alle wichtigen Betriebsflüssigkeiten an Bord: Sprit, Motoröl, Bremsflüssigkeit, Kühl- und Scheibenwischwasser? Ist die Beleuchtung in Ordnung und richtig eingestellt? Befindet sich das Auto in einem technisch einwandfreien Zustand (Ludwig guckt nach, wie lange die letzte Inspektion zurückliegt)? Und schließlich: Ist man für eine Panne ausreichend ausgerüstet und sind Ersatz- oder Notreifen, Radschlüssel, Warndreieck, Abschleppseil oder -stange, Warnweste, Taschenlampe und Verbandskasten an Bord?

Luis staunt nicht schlecht über Opas ständiges Räuspern und Brummen, wenn er den »Rundum-Check« durchzieht, und beobachtet alles ganz genau. Wenn Opa dann den Daumen in die Höhe reckt, weiß Luis, dass es bald losgeht.

› CHECK 2: Haben wir alle wichtigen Reisedokumente und Ausweise dabei?
Oma dagegen hat die Aufsicht über die Reisedokumente. Dazu überprüft sie ihre Handtasche, die Anja zwar schrecklich fasziniert, sich dummerweise aber niemals in ihrer Reich- und Griffweite befindet. Alles dabei? Reisepässe, Personalausweise, Führerscheine, Kfz-Schein, Nachweise des Versicherungsschutzes, Internationale Versicherungskarte, Rechtsschutzversicherung, Krankenversicherungsnachweis, Auslandskrankenschutz, Bargeld, Scheck- und Kreditkarten, Tickets, Voucher und weitere Buchungsbelege? Und die Dokumente für Luis und Anja? Kinderausweise, Krankenversicherungsnachweise, Impfpässe, Auslandskrankenschutz? Wenn all das überprüft ist, reckt auch Oma den Daumen hoch. Prima, es kann losgehen!

› Wie steht's mit Bequemlichkeit und Entertainment?
Bei längeren Autofahrten mit den Enkelkindern denken Ludwig und Renate auch immer an die Bequemlichkeit und Unterhaltung ihrer kleinen Mitreisenden. Sie wollen ja so wenig Gequengel wie möglich hören. Deshalb werden Wolldecken und Kissen eingepackt. Damit besteht die Chance, dass die Kleinen längere Ruhepausen und Schlafphasen einlegen und die Großeltern viel entspannter und ruhiger zum Reiseziel gelangen als bei ununterbrochener Geräuschkulisse. Alle Reisenden schätzen Decken und Kissen überdies, wenn sie in einen Stau geraten und es draußen eventuell kalt ist.

Für die Unterhaltung ihrer Enkelkinder nehmen die Großeltern stets eine kleine Auswahl an CDs mit Musik, mit Märchen und Hörbüchern mit. Dazu hat Opa kürzlich einen tragbaren CD-Player gekauft, der mit Kopfhörern ausgestattet ist. Das schont auf Dauer die Nerven! Aber Sie wissen ja, wie es ist. Wenn nach einiger Zeit alles gehört ist und alle Lieder gesungen sind, dann können sich Luis und Anja kaum noch ruhig in ihren Sitzen halten. Jetzt ist Ihr Einsatz gefragt, Frau Großmutter! Dann beginnt Renate eben mit einigen lustigen Ratespielen wie »Ich sehe was, was du nicht siehst«, mit Tiere- und Länderraten oder mit der Bestimmung der Städte und Landkreise, in denen die vorbeifahrenden Autos jeweils zugelassen wurden. Ganz groß für Luis ist natürlich die Bestimmung der Automarken und -typen, die zu sehen sind. Darin ist er schon wahnsinnig versiert.

› Ist auch der Reiseproviant mit dabei?

Bei längeren Autofahrten gibt's bei Opa und Oma vorwiegend Fitnesssnacks wie Obststückchen und Gemüseschnitze, die Luis und Anja ganz gerne verputzen. Schokolade und Süßkram hingegen bieten Ludwig und Renate kaum an, da es die Kleinen häufig unleidlich macht. Da ist es besser, häufige und kurze Pausen einzulegen, die mit dem Genuss eines Leckerlis verbunden werden. Natürlich wird viel und reichlich getrunken: vorwiegend Wasser, Apfelschorle oder leicht gesüßter Früchtetee.

Reisen mit der Bahn

Sie haben gesehen: Wenn Sie Ihre Enkelkinder auf längere Fahrtstrecken und Urlaubsreisen mit dem Auto mitnehmen, ist einiges zu beachten. Viel bequemer und sorgenfreier gestaltet sich dagegen eine Bahnreise. Hier sollten Sie für sich und die Kleinen allerdings beizeiten Sitzplätze reservieren. Ein voller Zug, in dem sich die Passagiere drängeln und um wenige Sitzplätze streiten, ist für keinen Beteiligten spaßig. Besonders nicht für kleinere Kinder, die sich von »Riesen« in die Zange genommen fühlen müssen! Toll ist es hingegen, wenn sich die Großeltern einen Tisch und zwei Sitzbänke im Großraumwaggon oder gar ein eigenes Abteil sichern, mit den Enkeln Bilderbücher betrachten, Karten spielen, und alle gemeinsam bequem und ausgeruht die vorüberflitzende Landschaft betrachten können.

Reisen mit dem Flugzeug

Wenn Sie mit Ihren Enkelkindern zu einer gemeinsamen Flugreise aufbrechen und die Kleinen eventuell zum ersten Mal fliegen, dann ist das natürlich eine höchst spannende und aufregende Geschichte. Bei Luis und Anja war das nicht anders. Deshalb haben ihnen die Großeltern gerne die Möglichkeit gegeben, am Fenster zu sitzen und genau zu beobachten, wie aus zunehmender Höhe alles am Erdboden klein und immer kleiner aussah: »Ameisen und Spielzeugautos!« Dieses Erlebnis haben die Kleinen sehr genossen, und sie zeigten überhaupt keine Angst vorm Fliegen.

Sind Sie mit einem kleineren Enkelkind unterwegs, ist ein weiterer freier Platz neben dem Sitz des Kindes eventuell gut. Dann kann der Zwerg besser schlafen und sich ausruhen. Denken Sie an seine Gewohnheiten: Braucht er etwa ein besonderes Kissen, ein Tuch, eine bestimmte Decke, eine Puppe oder ein Stofftier, um sich entspannen zu können? Der Flugzeuginnenraum kann bei längeren Reisen und auf Langstreckenflügen eher kühl werden. Kleiden Sie deshalb Ihr Enkelkind »zwiebelartig« in mehreren Schichten.

Spielzeug, Kinderbücher und Malsachen haben Sie selbstverständlich im Handgepäck – und nicht im Koffer vergessen, der sich auf dem Flug im Gepäckraum befindet! Und was den Proviant betrifft: Hier sollten Sie besonders an Getränke denken, da die im Dauerbetrieb befindliche Klimaanlage in Flugzeugen die Luft sehr trocken macht.

Die Flugbegleiter der verschiedenen Airlines sind meistens sehr zuvorkommend zu Reisenden mit Kindern. Nutzen Sie deshalb deren Unterstützung und Hilfsangebote während des Flugs und lassen Sie sich schon beim Einchecken am Airport helfen. Passkontrolle und Boarding sind häufig stressig, und Sie müssen ja nicht nur auf Ihr Gepäck und Ihre Reisedokumente achten, sondern eventuell auch an ein aufgeregtes und wibbeliges Enkelkind an Ihrer Seite denken.

Allgemeine Hinweise

Sich auf gemeinsamen Reisen ständig Sorgen um das Wohl und die Sicherheit der Enkelkinder zu machen hieße, sich die Freude daran trüben zu lassen und in dauerhafter Anspannung zu sein. Das ist gewiss nicht nötig. Trotzdem sollten Großeltern einige Grundregeln beachten, die beispielsweise Ludwig und Renate inzwischen in Fleisch und Blut übergegangen sind:

› Vor Reiseantritt sprechen beide noch einmal über die einzelnen Allüren und Eigenheiten ihrer Enkelkinder. Sie wissen beispielsweise, dass sie auf Luis aufpassen müssen, weil er immer und überall besonders »hoch hinaus« will. Der verflixte Bengel nutzt einfach jede Gelegenheit, an den Rand eines Vorsprungs oder auf ein gefährliches Balkongeländer zu klettern, weil er partout von überall hinuntergucken will. Ein wahrer Kletter-Maxe also ... Bei Anja hingegen ist es ganz wichtig, alle Lieblingsspielsachen einzupacken und keine Puppe und kein Stofftier zu vergessen. Falls das passierte – ein Drama! »Oma, du hast meine kleine Lilli nicht einpackt, ausgerechnet meine kleine Lilli nicht, Oma ...!«

› Gesundheitliche Einschränkungen, beispielsweise Allergien, haben Ludwigs und Renates Enkelkinder dagegen nicht. Sonst müssten sie an alle erforderlichen Medikamente denken.

› Wenn es gemeinsam ins Ausland geht, checkt Großmutter Renate selbstverständlich auch die Impfpässe der Enkel. Verfügen die Kleinen über alle erforderlichen Impfungen gegen die üblichen Kinderkrankheiten Mumps, Masern, Röteln und Windpocken? Impfpässe nicht vergessen! Gibt es darüber hinaus gesundheitliche Risiken in einem eventuell entfernter liegenden Reiseland, gegen die in Deutschland geimpft werden muss (Tropenkrankheiten ...)?
› Oma denkt an alles: Wenn es zu einem Badeurlaub mit den Enkelkindern geht, dann sorgt sie auch dafür, dass alle erforderlichen Utensilien eingepackt werden: Badehosen, Schwimmärmel, Schwimmreifen usw. Vor der Buchung der Reise fragt sie nach der Kindersicherheit der Badestrände. Gibt es dort Stein-, Kies- oder Sandstrand? Können die Kinder schnell in tieferes Wasser geraten, oder bleibt das Wasser seicht und ist für Kinder deshalb gut geeignet?
› Dazu überprüft sie die Verkehrssicherheit der Hotel- oder Campingplatzanlage, auf die man zusteuert. Klar, dass sie möglichst eine Unterkunft bucht, die nicht direkt an einer verkehrsreichen Straße liegt und Gefahren beim Überqueren birgt.
› Haben die Großeltern auch alles für den Sonnenschutz der Enkelkinder eingepackt? Besonders Luis hat eine helle Haut und braucht in südlichen Gefilden stets Sonnenmilch mit möglichst hohem Lichtschutzfaktor.
› Wo Renate auch immer vorsorgt, ist die Lage und Ausstattung der gebuchten Zimmer. Am liebsten hat sie ein großes gemeinsames Zimmer, in dem ausreichend Platz für zwei Kinderbetten vorhanden ist. Wenn es nicht anders geht, muss zusätzlich ein direkt an das Schlafgemach der Großeltern angrenzendes Hotelzimmer her, das damit über eine Zwischentüre verbunden ist.
› Natürlich lassen Opa Ludwig und Oma Renate ihre Enkelkinder auf einer Reise niemals unbeaufsichtigt. Dabei achten sie darauf, dass sie immer im Bilde darüber sind,

was gerade vorgeht. Das gilt für das Baden und Planschen am Strand, für den Weg vom Hotel zum Strand, für einen Ausflug in die Berge, wo die Kleinen vorauseilen, und auch für den Umgang mit Fremden und anderen Erwachsenen am Urlaubsort.

Nein, den Spaß verderben lassen sie sich nicht. – Sie halten nur viel von der richtigen und rechtzeitigen Planung. Denn dann läuft sicher alles rund!

DIE SICHERHEIT IHRER ENKELKINDER

In der heutigen Zeit gibt es nur noch wenige Großfamilien, in denen mehrere Generationen unter einem Dach leben. Zumeist wohnen die Großeltern in einer eigenen Wohnung, die in den meisten Fällen nicht mehr kindersicher ist. Die Enkelkinder kommen ja lediglich zu Besuch und die eigenen Erfahrungen mit den Unfallrisiken von Kindern liegen schon lange zurück. Deshalb ist das Verletzungsrisiko für Kinder in der Wohnung von Opa und Oma meist erheblich größer.

Die größten Verletzungsrisiken

Je kleiner Ihre Enkelkinder sind, desto größer ist im Allgemeinen die Verletzungsgefahr. Auf folgende Dinge sollten Sie achten:

› Spitze Ecken und scharfe Kanten an Möbeln (Tischen, Stühlen und Schränken) sowie an Geräten lassen sich mit Kunststoffaufsätzen und -ecken häufig entschärfen. Hier bietet der Handel verschiedene Produkte an. Sie können sich allerdings auch mit selbst zugeschnittenen Schutzecken und -kanten aus Styropor oder Schaumstoff behelfen, die Sie mit einem guten Klebeband befestigen. Das sieht zwar nicht schön und repräsentativ aus, schützt aber besonders in der Phase, in der Ihr Enkelkind laufen lernt und sich noch nicht sicher auf den Beinen halten kann.

› Glas und Glasscheiben als Wohnungstürfüllungen, in Veranda-, Balkon- und Terrassentüren, als Tischplatten und in Spiegeln können bei Bruch gefährlich werden. Hilfreich sind hier neben diversen Kunststoffabdeckungen und -aufsätzen auch optische Signale wie Aufkleber, die mit zunehmendem Alter des Kindes wieder entfernt werden können.

› Stolperfallen: Haus- und Wohnungstreppen sowie Stufen in Split-Level-Wohnungen bergen immer die Gefahr, zu stolpern, auszurutschen und herunterzufallen. Sichern Sie die Treppenauf- und -abgänge bei kleineren Enkelkindern mit Kindertreppentüren und mit rutschfesten Stufenbelägen. Falls Ihre Wohnung oder Ihr Haus auch mit Steinböden ausgestattet ist, legen Sie die Böden unmittelbar am Fuß der Treppe mit einem dicken Teppich aus. Stürzt Ihr Enkelkind, können so böse Kopfverletzungen verhindert werden.

› Galerien und Balkone: Galerien in Maisonette-Wohnungen werden kleineren Kindern schnell gefährlich, wenn sie versuchen, am Geländer hochzuklettern. Ebenso müssen Inhouse-Wendeltreppen gesichert werden. Bei manchen Wohnungen werden außen Balkongeländer angebracht, die aufgrund ihrer geringen Höhe kaum zum Schutz der Bewohner, sondern eher zur Zierde dienen. Also aufgepasst!

› Steckdosen und Stromkabel: Der Entdeckerdrang Ihrer Enkelkinder kennt keine Grenzen! Und was kann schöner sein, als mit Omas Stricknadel oder mit einem dünnen Fonduegäbelchen in einer Steckdose herumzustochern? Hier gilt es, die überall im Elektrofachhandel erhältlichen Sicherungen und Abdeckungen einzubauen! Stromkabel verlegen Sie möglichst unsichtbar, schieben sie unter Bodenleisten oder führen sie durch Kabelschächte. Beschädigte Kabel und Steckdosen sollten sofort entfernt und ersetzt werden. Sichern Sie auch die Rückseiten von Elektrogeräten (zum

Beispiel von Fernsehern und Computern), da diese häufig Zugang zu stromführenden Teilen bieten.

› Lassen Sie Ihre Enkelkinder beim Baden in der Wanne niemals unbeaufsichtigt. Wer noch nicht schwimmen kann, kann ertrinken.

› Schützen Sie Ihre Enkelkinder vor möglichen Verbrennungen und Verbrühungen: Sichern Sie Ihren Elektroherd mit einem Kinderschutzgitter, das aus Kunststoff oder Metall gefertigt ist und rund um die Kochfläche des Herds angebracht wird, und schaffen Sie sich Metall- oder Keramikhauben an, die nach der Benutzung und Abkühlung über die Kochstellen gelegt werden. Achten Sie auch stets sorgfältig auf heiße Flüssigkeiten: auf den kochenden Wasserkessel auf dem Herd, die frisch aufgebrühte Tasse Kaffee oder Tee auf dem Esstisch ...

› Heimwerker, aufgepasst! Eine Werkstatt oder eine Werkecke im Keller sind kein Kinderspielplatz. Hier lauern zahllose Gefahren wie Messer, Sägen, Bohrer, Zangen und Elektrogeräte.

› Haushaltsreiniger können für Ihre Enkelkinder zu Giftfallen werden. Die meisten Flaschen, Tuben und Dosen sind heutzutage zwar mit kindersicheren Verschlüssen ausgestattet. Trotzdem verbietet es sich natürlich von selbst, den Enkelkindern freien Zugang dazu zu gewähren. Vielmehr sollten alle chemischen Haushalts-Substanzen weggeschlossen oder in einem für Ihr Enkelkind unerreichbaren Hochschrank aufbewahrt werden. Gleiches gilt für alle Medikamente. Die gehören grundsätzlich in einen abgeschlossenen Apothekenschrank!

› Was Opa gut schmeckt (und manchmal auch Oma), ein in Würde gereifter und leckerer Malt-Whiskey beispielsweise, hat auf der Anrichte oder im Wohnzimmerschrank von Großeltern nichts verloren, die ab und an Besuch von den Enkelkindern erhalten. Alle Getränke, die in ihrer Stärke über dem Null-Prozentsatz von Gänsewein (Wasser) liegen, sollten nur verschlossen aufbewahrt werden. Empfehlenswert ist eine verschließbare Hausbar.

› Gleiches gilt für Zigaretten, Tabak, Zigarren und Pfeifenutensilien. Ist das Rauchen schon für Erwachsene nicht gesund, kann das versehentliche Verschlucken einer Zigarettenkippe für kleine Kinder den Tod bedeuten! Aschenbecher und alles andere, was zum Rauchen gehört, müssen deshalb weggesperrt werden. Am besten ist es, nur im Freien zu rauchen. Achten Sie auch hierbei darauf, dass Ihr Enkelkind keinen freien Zugang zu Rauchutensilien findet!

› Brennbare und leicht entflammbare Dinge wie Feuerzeuge, Streichhölzer, Feuerzeugnachfüllgaspatronen, Grillanzünder und Kerzen gehören ebenfalls nicht in die Reichweite von Kinderhänden.

› Vorsicht walten lassen sollten Sie auch mit allen verschluckbaren Kleinteilen, wenn Ihre Enkelkinder noch sehr klein, also bis drei Jahre alt sind. Kleinkinder haben die Angewohnheit, alles in den Mund zu stecken, alles, was nicht niet- und nagelfest ist. Dabei kann Scharfkantiges in den Hals- und Rachenraum oder in den Nahrungstrakt gelangen und zu bösen Verletzungen führen.

› Achten Sie darauf, dass Einkaufstüten aus Plastik, Einwickelfolie und folienartige Verpackungsmaterialien weggeräumt werden. Besonders kleinen Kindern macht es immer wieder Spaß, den Kopf in Tüten zu stecken. Dabei kann es passieren, dass die Tüte beim Einatmen den Kopf und das Gesicht des Kindes so fest umschließt, dass es sich nicht mehr aus eigener Kraft daraus befreien kann. Hier droht ein qualvoller Erstickungstod!

› Was schier selbstverständlich ist, aber manchmal aus Unachtsamkeit vergessen wird: Waffen und alle waffenähnliche Gerätschaften müssen sofort und dauerhaft aus dem Blickfeld von Kindern verschwinden. Falls Opa zur Jägerzunft gehört, ist er gesetzlich ohnehin dazu verpflichtet, Schrotflinten und Büchsen, Pistolen und Hirschfänger in einem abgeschlossenen Waffenschrank aufzubewahren – und den Schlüssel niemals unbeaufsichtigt liegen zu lassen.

Welche zum Teil auch aberwitzigen Verletzungsrisiken es in nicht kindersicheren Haushalten übrigens geben kann! Opa Herbert, eine Seele von Mensch, immer ruhig und ausgeglichen und mit sich und der Welt im Reinen, wäre darauf niemals gekommen, wenn sein heiß geliebtes dreijähriges Enkelchen Daniel ihn nicht eines Besseren belehrt hätte!

Opa Herbert ist ein Selfmademan, ein Autodidakt und Heimwerker, der den Meisterbrief als Schreiner oder Drechsler mit »links« gemacht hätte, wenn er nicht als Buchhalter sein berufliches Dasein hätte fristen müssen. Seine liebste Freizeitbeschäftigung, eigentlich schon längst zur Berufung geworden, ist die Restauration alter Möbel. Das sind zwar nicht immer richtig antike Stücke, die er auf Trödelmärkten und bei Wohnungsauflösungen auskundschaftet und aufstöbert, sondern es ist oft auch viel Antiquiertes darunter, »oller Trödel und Plunder«, wie Oma Margit abschätzig verlauten lässt. Sei's drum, Herbert versteht sich drauf und lässt manches Sideboard aus den 1950er-Jahren in neuem Glanz erstrahlen, poliert die Flächen erblindeter Nierentische und gibt Tüten- und Tulpenlampen ihr elektrisches Innenleben zurück. Kein Chippendale eben, kein Biedermeier, eher Gelsenkirchener Barock und der biedere Charme der frühen Wirtschaftswunderjahre ...

Dabei kommen Opa Herbert aber auch immer wieder richtig schöne Stücke unter, wie etwa ein kleines schmales Brotkästchen aus weichem Tannenholz, das Ende des 19. Jahrhunderts in einer oberbayerischen Bauernstube gehangen haben mag. Das Kästchen, gerade einmal vierzig Zentimeter breit und rund sechzig Zentimeter in der Höhe, hat eine zweigeteilte Türe, deren Flügel in der Mitte durch eine Holzleiste getrennt werden. Besonders diese Türe war es, die restauriert werden musste, und Herbert baute sie dementsprechend aus, löste die Beschläge und begann damit, das Holz sorgfältig abzuschleifen. Einige Ecken mussten geleimt, ein Verbindungszapfen neu eingesetzt werden, und danach sollte ein weiches Tuch mit ein wenig Holzwachs das alte Tannenholz wieder honigfarben leuchten lassen.

Den Brotkasten stellte Opa Herbert derweil auf den Boden, direkt neben die Werkbank, die er sich im Kellerraum seines Reihenhäuschens eingerichtet hatte. Die beiden Flügel der Türe klemmten im Schraubstock und wurden mit rauem Sandpapier geschliffen – da passierte es ... Opa Herbert verstand erst gar nicht richtig, was da vor sich ging. Es tat plötzlich einen lauten und durchdringenden Schrei, der schnell in ein fürchterliches Prusten und Würgen überging. Herrgott noch einmal! Was war geschehen?

Daniel! Sein Enkelchen war es, das die seltsamen Töne von sich gab. Heimwerker Herbert war so vertieft in seine Arbeit gewesen, dass er überhaupt nicht bemerkt hatte, wie der Kleine zur Türe hereingeflutscht war und alles auf halber Höhe inspizierte. »Hmmm«, dachte Daniel wohl, »was mag das für ein schönes Holzkästchen sein, das da auf dem Boden steht?« Er versuchte den Kopf zwischen die Mittelleiste und eine Kastenwand zu stecken, um es noch genauer betrachten zu können. Dies wollte und wollte ihm nicht gelingen, bis er es endlich – jetzt mit allem Nachdruck – schaffte! Dass diese Haltung aber schmerzte und ihn in Panik versetzte, damit hatte Klein-Daniel nicht gerechnet – und daher schrie und prustete und würgte er aus Leibeskräften.

Selbstverständlich versuchte Opa Herbert sofort, sein Enkelkind aus dieser misslichen Lage zu befreien. Und es gelang auch bald mit Hilfe einer kleinen Säge und einem kräftigen Ziehen. Danach aber, als das letzte Jammern mit tränenerstickter Stimme verklungen und Daniel ausgiebig von den Großeltern getröstet worden war, wusste Herbert ein für alle Mal, dass nicht nur »Michel aus Lönneberga« seinen Kopf gern in eine Suppenschüssel versenkt, sondern auch dreijährige Naseweise zu solchen Dingen neigen.

Ihre Hausapotheke

Kleinere Unfälle sind mit Kindern gar nicht zu vermeiden. Jakob hat sich beim Fußballspielen das Knie aufgeschlagen, Anna ist beim Rosenschnuppern im Garten von einer Biene gestochen worden und Katrinchen hat sich die Hand verstaucht, weil sie unsanft von der Kletterstange gepurzelt ist. Das ist Alltag und nichts Außergewöhnliches. Solche Verletzungen können schnell mit den Utensilien einer gut ausgestatteten Hausapotheke heile gemacht werden. Was gehört da hinein?

- Mehrere Wundschnellverbände zur Versorgung kleinerer Verletzungen,
- Wundkompressen zur Blutstillung von kleineren Wunden,
- Verbandpäckchen für größere (großflächige) Verletzungen und zu ihrer keimfreien Versorgung,
- Druckverbände zur Blutstillung,
- Verbandtücher zur keimfreien Versorgung großflächiger Wunden,
- Fixierbinden zur Fixierung von Verbänden,
- Heftpflaster zur Fixierung,
- Wundpflaster in verschiedenen Größen, gegebenenfalls auch Wundspray,
- Dreieckstücher zur Ruhigstellung von Armen und Beinen sowie als Kopfverband,
- Jodtinktur und Desinfektionsmittel,
- Zugsalbe (bei Holzsplittern oder Ähnlichem),
- Wundsalbe für kleinere Verletzungen,
- Schere,
- Präparat zur Wundstillung und Reizmilderung nach Insektenstichen.

Wichtig: Kontrollieren Sie den Inhalt Ihrer Hausapotheke regelmäßig und ersetzen Sie eventuell altes Material. Verbände, Bandagen und Pflaster leiern mit der Zeit aus und werden spröde, und Salben und Tinkturen können mit den Jahren auch an Wirksamkeit verlieren.

Erste Hilfe

Gut, dass die meisten Unfälle von Kindern Kinderkram sind. Nicht umsonst heißt es: »Kinder, Betrunkene und Narren haben einen besonderen Schutzengel«. Toi, toi, toi! Trotzdem kann es passieren, dass Ihre Enkelkinder auch einmal in eine gefährlichere Situation geraten und sich eventuell schwerer verletzen und Sie als Großeltern die einzigen Erwachsen sind, die in dieser Situation Erste Hilfe leisten können. Denken Sie nur an Badeunfälle: Ihre Enkelkinder sind ja keine Erwachsenen, die immer nur langsam, bedächtig und gesittet ins Wasser schreiten. Von wegen! Da wird – je nach Alter – kopfüber ins kühle Nass gesprungen, da wird getaucht und um die Wette gehopst und geschwommen, dass es seine Freude hat. Da ist es gut, wenn Sie Ihre Erste-Hilfe-Kenntnisse in einem Kurs nochmals aufgefrischt haben, den Sie über Ihre Krankenkasse und Ihr zuständiges Bürger- oder Landratsamt erfragen, oder den Sie bei allen einschlägigen Rettungsorganisationen (Rotes Kreuz, Arbeiter-Samariter-Bund etc.) ableisten können. Ein guter Kurs dauert etwa vier Doppelstunden, und Sie trainieren dabei die wichtigsten lebensrettenden Maßnahmen:

- Herz-Druck-Massage,
- Mund-zu-Mund-Beatmung,
- Blutstillung,
- Schockbekämpfung,
- stabile Seitenlage.

SCHLUSS

Die Zeitspanne, die Großeltern mit ihren Enkelkindern verbringen können, gehört nach Ansicht vieler Omas und Opas zur schönsten Zeit ihres Lebens. Auf viele wirkt sie wie ein Jungbrunnen, aus dem kräftig geschöpft werden kann.

Enkelkinder zeigen, dass das eigene Leben lange noch nicht vorbei ist, ganz im Gegenteil: Für die Kleinen geht es erst richtig los, und die Großeltern sind daran beteiligt und können mitgenießen, was die Kleinen bewegt und in Atem hält. Was kann schöner sein? Das hält jung und fit und lässt die Älteren am modernen Leben teilhaben. Zudem verweist die Geburt von Enkelkindern immer wieder auf den Kreislauf des Lebens und die stete Erneuerung alles Lebendigen. Auf die Kinder folgen Enkel und wieder deren Kinder ... Der Gedanke an die Generationenfolge hat etwas Philosophisch-Existenzialistisches an sich, für gläubige Menschen symbolisiert sie die Schöpfung.

Genießen Sie es! In vollen Zügen!